Plezier met Business

Simone Milasas

Originele titel: Joy of Business
Copyright © 2013 Simone A. Milasas
ISBN: 978-1-63493-180-9
Eerste Nederlandse editie: 2018
Vertaald door Elisabeth Schuijt en Stéphanie Wonders

Uitgegeven door Access Consciousness Publishing, LLC
www.accessconsciousnesspublishing.com
Gedrukt in de Verenigde Staten van Amerika
Tweede editie
Eerste editie, copyright © 2012 door Simone A. Milasas,
Uitgegeven door Big Country Publishing, LLC

Over dit boek

Dit boek is voor jou, als je zaken wilt doen en als je heel iets anders wilt genereren voor jezelf en voor de planeet. Business of werk – hoe je het ook noemt – is een enorme kracht, waarmee we vormgeven aan ons leven, ons bestaan en onze werkelijkheid. Ben je vast komen te zitten in een gebruikelijke manier van zakendoen, die beperkt en saai aanvoelt en die niet winstgevend is? Zo hoeft het niet te zijn. Wat als zakendoen nou eens creatief, vreugdevol en een enorme bijdrage kon zijn? Dat kan!

Plezier met Business gaat over het verschil dat zakendoen kan maken. Het is geen instructieboek. Het is niet bedoeld om antwoord te geven op jouw bedrijfsproblemen of -dilemma's. In plaats daarvan geeft het jou de ruimte om op een heel andere manier zaken te doen. Er staan vragen, oefeningen, gereedschappen en processen in die je kunt gebruiken en die je een andere kijk geven op hoe jij jouw bedrijf en jouw leven kunt creëren.

Ik ben geen business expert in de gebruikelijke zin van het woord. Ik heb geen lange lijst van zakelijke diploma's, referenties of titels achter mijn naam staan. Wat ik te bieden heb, zijn jaren van praktische ervaring met zakendoen over de hele wereld - en vanuit het standpunt dat zakendoen vreugdevol is. Ik zou *Plezier met Business* met je willen delen - en nodig je uit om jouw weten te volgen, jezelf vragen te stellen en een

aantal bijzondere gereedschappen van Access Consciousness®
te gebruiken, wat mogelijk de manier waarop je zaken doet
voor altijd verandert.

Inhoudsopgave

Mijn immense dank

Ik wil dit boek, *Plezier met Business*, opdragen aan twee fantastische mannen in mijn leven:

Mijn vader, die me vanaf het begin heeft aangemoedigd om meer over business te leren en mijn eigen keuzes te maken. Hij hield van me, zelfs toen ik weigerde te luisteren. Hij was altijd zo trots op me. Ik hou van je papa. Moge je rusten in vrede.

Gary Major Douglas, de oprichter van Access Consciousness®, die een enorme bijdrage is geweest aan dit boek, mijn leven, mijn bestaan en mijn realiteit. Je hebt me laten zien en laat me nog steeds zien wat ik altijd wist dat mogelijk was. Dankjewel.

Ik ben jullie beiden eeuwig dankbaar.

Ik wil ook graag alle mensen bedanken die ik in mijn leven heb ontmoet. Ik heb het geluk gehad omringd te zijn door geweldige vrienden en familie die continu aan mij bijdragen. Dankjewel. Hoe kom ik aan zoveel geluk?

Dona, je bent de meest fenomenale eindredacteur op deze planeet. Dank je voor jouw geduld. Hoe wordt het nog beter dan dit?

Brendon, jij bent het geschenk dat niet ophoudt te geven.

Opmerking voor de lezer

Dit boek is geschreven in 'Queen's English'; ik reis over de hele wereld en kom op veel verschillende plaatsen; maar ik noem Australië nog steeds mijn thuis. Ik ben een Aussie, en ik heb in het Aussie Engels geschreven, dus als je uit de VS komt, vergeef me de spellings-'fouten', en als je uit een ander deel van de wereld komt, veel plezier!

Voorwoord

Op een dag sprak ik met mijn vriend Gary Douglas, de oprichter van Access Consciousness, over iets dat een wederzijdse vriend deed in zijn bedrijf. Ik zei: "Wat hij doet is in mijn ogen niet logisch."

Gary vroeg: "Wat bedoel je met: het is niet logisch?"

Ik antwoordde: "Nou, waarom zou hij dat kiezen? Er zit totaal geen vreugde bij die zakelijke beslissing. Niets in zijn beslissing zal iets groters creëren." Ik kon zien dat hij kapotmaakte wat er potentieel mogelijk was.

Gary vroeg: "Wat bedoel je met het brengt geen vreugde?" Ik zei: "Nou, je doet zaken voor de vreugde die het je brengt!" Gary zei: "Nee, dat doet men niet." Ik stond versteld. Ik zei: "Ja, natuurlijk wel! Waarom zou je het anders doen?"

Gary zei toen: "Simone, je bent de enige die ik ken die zaken doet voor de lol! In deze realiteit doet men geen zaken voor de lol."

Dat is hoe onze dialoog over Plezier met Business begon. Sindsdien heb ik ontdekt dat veel mensen geloven dat ze een hekel hebben aan zakendoen, en dat er ook veel mensen zijn die zakendoen plezierig en vreugdevol vinden. Ik zou graag willen dat jij één van hen bent. En ik wil je graag uitnodigen om elk standpunt dat je hebt over zakendoen, dat het niet vreugdevol is of dat niet kan zijn, te veranderen. Dat is mijn uitnodiging aan jou.

Hoe zou het zijn als business vreugdevol was — en je daarmee geld kon verdienen?

Hoe ik begon in business

Ik heb altijd van zakendoen gehouden. Toen ik opgroeide in Sydney, Australië, hadden mijn vrienden het over naar de universiteit gaan, trouwen en kinderen krijgen. Die dingen hebben mij nooit geïnteresseerd. Ik heb altijd geweten dat ik een bedrijf zou hebben. Ik had geen idee wat het zou gaan worden, ik wist gewoon dat ik een bedrijf zou gaan hebben. Dat voelde als het meest creatieve dat ik zou kunnen doen. Voor mij is het runnen van een bedrijf net als een kunstenaar zijn met een leeg doek. Het is de vonk van een idee krijgen en vragen stellen als: "Wat is ervoor nodig om dit tot bloei te laten komen?" Ik heb zakendoen altijd op deze manier bekeken.

Nadat ik mijn middelbare schooldiploma had behaald, kreeg ik meteen een baan. Ik werkte drie maanden, spaarde $ 3000 en ging toen naar het buitenland. Ik heb drie jaar gereisd en gewerkt in Engeland, Portugal, Oostenrijk en op de Griekse eilanden. Ik nam elke baan aan die ik kon krijgen, zolang dat me in de gelegenheid stelde om verder te reizen en de wereld te zien. Op het Griekse eiland Santorini had ik een baan waarbij ik voor de ingang van een restaurant stond en tegen voorbijgangers zei: "Hé, kan ik je uitnodigen om vanavond bij Captain Angelo's te eten? We hebben drie specials en je krijgt een gratis glas wijn." Ik deed dat vier uur per dag en verdiende genoeg geld om in mijn levensonderhoud te voorzien. Iemand anders zou hebben geklaagd over het werk dat ik deed, maar mijn houding was: "Ja! Ik doe het." Het maakte niet uit wat het was, ik slaagde er altijd in om mijn werk plezierig en leuk te maken. Ik heb altijd kunnen zien welke mogelijkheden werk en zakendoen kunnen creëren in mijn leven, en ik geloof dat een creatieve en vrolijke benadering van werken en zakendoen ons in staat stelt om een buitengewoon leven te leiden, of misschien zelfs wel een fenomenaal leven.

Toen ik terugkwam in Australië klopte iedereen me op de rug en zei: "Nou, dat is geregeld. Dat reizen heb je achter de rug."

Mijn reactie was: "Wat? Het is net begonnen!"

Ik begon mijn eerste bedrijf met de verkoop van producten op de weekendmarkten in Sydney. Ik deed alles, van het maken van mijn eigen vochtinbrengers, verfrissende sprays en lichaamsglitter tot het herverkopen van spullen die ik elders kocht. Ik had de Glebe-markt op zaterdag en de Bondi Beach-markt op zondag. Ik wilde een manier van leven hebben waarbij ik in het weekend producten op de markten zou verkopen en van mijn leven kon genieten. Mijn doel was om genoeg geld te verdienen om naar New Delhi in India te reizen, om spullen te kopen die ik kon verkopen op markten en festivals in Australië.

In korte tijd had ik het geld verdiend dat ik nodig had en vloog ik naar India. Ik ging naar een plaats in New Delhi genaamd Paharganj, waar ze wierook, textiel, Indiase armbanden, sieraden en kleding verkochten. Paharganj is verbazingwekkend. Het was één van de drukste plaatsen die ik ooit had gezien. Koeien - die daar heilig zijn - mochten gaan en staan waar ze wilden, en ze liepen midden op de onverharde wegen, tussen taxi's, fietsen, ossenkarren, paardenrijtuigen en voetgangers. Straatverkopers aan beide kanten van de straat, die allemaal ongeveer dezelfde dingen verkochten, onderhandelden met winkelend publiek en voorbijgangers. Soms steeg de temperatuur tot 55 °C. Overal werd eten gekookt, en de geuren van de Indiase specerijen vulden de straten. Het was warm, het stonk en het was zeer opwindend. Je had het kunnen zien als smerig en overweldigend chaotisch - wat het ook was - of als één van de meest exotische en interessante plaatsen op deze planeet. Ik was er net en ik vond het geweldig.

Ik had geen idee hoe ik leveranciers zou gaan vinden. Ik wist dat ik ze kon vinden, ik had alleen geen idee hoe het eruit zou zien. Ik was geïntrigeerd door het avontuur om daar zaken te doen. Mijn houding was: "Laten we eens kijken wat er opduikt!" Ik liep er rond en keek naar wat de verkopers te koop aanboden. Zodra ik mijn oog op een bepaald item van de koopwaar richtte, wilden ze met mij onderhandelen over hoeveel ik ervoor zou betalen. Dit kon behoorlijk inspannend zijn.

Ik zag dat ze gemakkelijk mensen konden overtuigen veel producten te kopen die ze thuis misschien niet konden verkopen, dus ik was me er altijd van bewust wie die controle had in deze situaties. Het was een hellend vlak van zakendoen en het maakte me uitermate blij. Ik leek intuïtief te weten dat ik vragen moest stellen, zodat ik degene was die koos wat er ging gebeuren. Ik stelde vragen over wat dingen waren, in welke kleuren ze dat hadden, wat de prijs zou zijn als ik er eentje kocht, en hoeveel het zou kosten als ik er tien kocht of honderd. Ik liep langs, stelde vragen, maakte aantekeningen, en ging dan weer terug naar mijn hotel om alles door te nemen.

Het interessante is dat ik op school was gezakt voor wiskunde. Ik haatte wiskunde en ik was er heel slecht in, maar daar zat ik dan in India en ik moest formules bedenken voor het exporteren, importeren en het prijzen van de handelswaar - en ik deed het. Ik wist dat ik met succes koopwaar kon importeren. Ik wist dat ik iemand moest vinden om de export te verzorgen, ik wist van het papierwerk, en ik wist dat ik de kostprijsberekening moest uitwerken. Dus liep ik letterlijk de straat op en sprak met mensen om de informatie te verzamelen die ik nodig had. Ik was bereid om me bewust te zijn van alles wat nodig was om mijn bedrijf te creëren.

Wanneer je zakendoet, moet je bereid zijn om alles te hebben en alles te verliezen. Je mag niet gefixeerd zijn op het eindresultaat van je handelen. Als ik in dat stadium gefixeerd zou zijn geweest op de uitkomst van het kopen van bepaalde artikelen, zouden de handelaren de controle hebben gehad met de prijzen en andere aspecten van de goederen. Omdat ik geen belang had bij het eindresultaat, nam ik de tijd. Ik oefende geen druk uit om iets te bewerkstelligen. Ik was bereid om dingen te laten gebeuren en om te zien wat er mogelijk was, wat betekende dat ik de controle had over de prijzen, de hoeveelheden en andere factoren. Het gaf een groot gevoel van avontuur en vreugde, om geld te verdienen en om het leven te leven. Dus kocht ik goederen in Paharganj, en toen ik net begon, nam ik dingen mee naar Australië in mijn bagage. Later vond ik twee Islamitische sjeiks die mijn exporteurs werden. Ze waren geweldig. Ik ontving luchtvrachtzendingen vanuit India en verkocht de handelswaar op de markten in Sydney, en ik verdiende $ 3000 - $ 4000 per week met twee dagen werken op de markten. De rest van de tijd ging ik naar het strand, kreeg ik nieuwe ideeën voor de markten en handelde ik met de overzeese leveranciers. Ik had zoveel ruimte en vrije tijd om te leven. Ik was gelukkig. Sommige mensen die een negen-tot-vijf baan hadden, zeiden: "Simone, zoek een echte baan."

Ik zei dan: "Dit ís een echte baan! Dit is geweldig!" Ik had een fantastische tijd en ik verdiende veel geld. Mijn besef is nu dat ik de mogelijkheid had om precies datgene te creëren en te genereren wat ik (op dat moment) wilde, en om er geld mee te verdienen. Dat komt omdat, zoals ik later ontdekte in Access Consciousness, geld vreugde volgt. Vreugde volgt geld niet.

Na een tijdje vroegen mensen me goederen voor hen in India in te kopen, die zij konden verkopen in hun winkels in Sydney. Ik dacht: "Als ik een groothandel begin, kan ik grotere hoeveelheden kopen tegen een betere prijs." En dus zei ik ja. Ik ging naar India en kocht grote hoeveelheden goederen, wat betekende dat ik een grotere aantrekkingskracht had en de leveranciers meer aandacht voor mij hadden. Ik verkocht aan ongeveer 12 winkels in Sydney en ik begon kleding te ontwerpen. Dit alles werd zeer succesvol, en al snel begon ik me te vervelen, dus stopte ik met de kleding en ik begon met de import van sieraden van puur zilver, bezet met halfedelstenen.

Ik ging naar Jaipur, India, dat bekendstaat als de Roze Stad, om de edelstenen te kopen. Toen ik er de eerste keer kwam, waren kralenkettingen in de mode in Australië, en ik kocht rozenkwarts, amethist, granaat en massa's andere stenen. Noem het, en ik had het. De man die me de edelstenen verkocht, vertelde me dat ik niet zou slagen, omdat ik een vrouw was. Dat was zijn standpunt. Ik had niemand in India die zei: "Ja, Simone! Ga ervoor!" Maar ik was nog steeds bereid mijn weten te volgen, en om enthousiast te zijn over elke keuze die ik maakte. Het was allemaal een groots avontuur voor mij.

Ik begon de halfedelstenen en sieraden te verkopen als groothandelaar en op de markten in Australië. Vervolgens ging ik weer terug naar Jaipur en kocht er nog wat meer. Ik kocht ook sieraden in Thailand. Er is een straat in Bangkok genaamd Khao San Road, dat is een enorme markt die vergelijkbaar is met Paharganj. Ik ontmoette daar veel westerlingen die hetzelfde deden als ik. We kwamen bijeen en wisselden informatie en contacten uit, zodat we allemaal konden bijdragen aan elkaar en aan ons persoonlijke succes. Mijn standpunt was dat als mijn collega-verkopers erin slaagden meer ontwerpen te krijgen, ik er ook over kon beschikken. Het was eenvoudig om dat te doen. Ik was altijd bereid om bij te dragen aan andere mensen, zodat ze geld konden verdienen. Dit was plezierig voor mij om te doen, en dat is het nog steeds. Ik genoot van het werken met mensen over de hele wereld en de manier waarop we aan elkaar hebben bijgedragen. Er zit veel kracht in het zijn van een bijdrage aan elkaar. Als we vanuit concurrentie hadden gefunctioneerd, zouden we onze bedrijven hebben ingeperkt of vernietigd en waren we waarschijnlijk niet zo succesvol geweest als we nu waren - en vermoedelijk ook niet zo blij. Onthoud: geld volgt vreugde en niet andersom. Dit is een heel eenvoudig besef, en ook zeer waardevol.

Kort daarna ging ik naar Kathmandu in Nepal. Ik vloog naar Kathmandu over de Himalaya, wat het mooiste uitzicht ter wereld is (en ja, als je er op de juiste tijd van het jaar bent, ziet het er net zo uit als op de ansichtkaarten!). Het was prettig om in de straten van de stad rond te wandelen. Ze hadden fantastische, kleine cafés met heerlijke thee en je kreeg er het gevoel dat de mensen dankbaar waren dat je in hun land was.

Na geruime tijd van en naar India te reizen, merkte ik dat wanneer ik in India was, ik steeds meer tijd op mijn hotelkamer doorbracht. Ik werkte bij voorkeur in Thailand en Nepal, dus stelde ik vragen over wat ik nog meer zou kunnen importeren vanuit die landen. Uiteindelijk heb ik een serie hoeden ontworpen. We hadden een hoedenlabel genaamd The Shack, en ik verplaatste veel van mijn handel naar Nepal. Dit bracht mij meer vreugde - en ik was altijd bereid om de vreugde te volgen. Je moet bereid zijn om alles te veranderen als het voor jou niet werkt.

We hadden vrouwen in boerendorpjes die onze katoenen hoeden maakten, en twee mannen die de kwaliteitscontrole deden, stuurden de hoeden naar ons op in Australië. Deze mensen waren fantastisch. Het werk dat we deze vrouwen gaven, hielp hen om voor hun gezin te zorgen. Ze waren in staat om onze hoeden thuis te maken, hun kinderen bij zich te houden en te laten helpen, in plaats van ze naar Kathmandu te moeten sturen om op straat te werken als schoenpoetser voor toeristen of iets dergelijks.

In Nepal werkte ik ook met een Tibetaanse vrouw die Ziering heette. Ze was een geweldige zakenvrouw en ze werkte als een bezetene. Ziering wist dat het goed uitpakt als je mensen het gevoel geeft dat ze speciaal zijn en ze behandelde me altijd met groot respect. Ze nam me mee naar haar huis en ze had altijd een kopje thee voor me klaarstaan als ik in haar winkel kwam. Ik kocht fijne kasjmieren sjaals en andere wollen spullen van Ziering, die in Nepal zaken deed met uit Tibet gevluchte vrouwen.

Er is veel zwarte handel in landen als India en Nepal, en Ziering stond bekend om het doen van wit werk of werk voor het goede, omdat ze gevluchte Tibetaanse vrouwen hielp. Er is geen overheidssteun voor arme mensen of vluchtelingen die in Nepal leven. We betaalden de Tibetaanse vrouwen per stuk voor iedere trui, muts en ieder paar handschoenen dat ze maakten. Ik bezocht ze in hun huizen, dichtbij een gebied dat Thamel heet. Sommige van de huizen waren erg klein. Ik ben één meter vijfenzeventig lang, en er waren momenten dat ik niet rechtop kon staan in hun huizen. Ik vond het geweldig om met deze mensen samen te werken. De Tibetanen waren dankbaar en blij dat ze in Nepal waren. Als ze veel geld wilden verdienen, konden ze hard werken en dat doen. Als ze net genoeg wilden verdienen om hun kinderen naar school te laten gaan en te eten, dan konden ze dat doen. Het verschil tussen de mensen die graag gewoon een dak boven hun hoofd wilden en voedsel voor hun kinderen en degenen die voor meer kozen in hun leven, was goed te zien.

Ik gaf de kinderen van de vluchtelingen boeken, en ik betaalde voor een aantal van hen schoolgeld. Dit alles sloot aan bij de energie van wat ik wist dat er mogelijk was, en daar werd ik enorm blij van. Ik verdiende geld, had plezier en ik wist nooit hoe de dag eruit zou zien. Het leven was één groot avontuur (en dat is het nog steeds). Mijn houding is altijd geweest: "Als het niet leuk is, waarom zou je het dan doen?" Ik doe niets omdat het moet. Ik werk heel graag met mensen die iets doen om hun leven te creëren. Ik denk dat ieder mens een verandering in de wereld kan creëren. Als je jezelf bent en je gebruikt je gewaarzijn, kun je een verandering in de wereld creëren, wat die verandering dan ook maar is.

Ik had een groothandel die onze hoeden verkocht in Australië en het bedrijf werd erg succesvol en bekend. Ik had een kantoor van 80 m² vol planken gevuld met felgekleurde hoeden. En weer wilde ik op een gegeven moment iets anders creëren. Ik begon te vragen: "Wat is er nog meer mogelijk?"

Ik ging terug naar Londen om daar een tijdje te blijven. Op een dag kocht ik een dagpas voor de grote rode dubbeldekker en liet ik me de hele stad door rijden. Ik ging van wijk naar wijk, gaf mijn ogen flink de kost, observeerde alles en keek goed rond. Ik merkte dat het niet uitmaakte waar ik was, of ik nou in een rijke of een arme wijk reed, een Joodse wijk, een zwarte wijk of een Pakistaanse wijk, er leek niet veel blijdschap te zijn. Het maakte niet uit of mensen geld hadden of niet, het maakte niet uit welke huidskleur of religie ze hadden of in welk gebied van de stad ze leefden, iedereen keek triest. Ik dacht: "Ik snap het niet. Deze planeet is wonderbaarlijk. Waarom kijkt iedereen zo verdrietig? Waarom doet iedereen zo opgewonden over de kommer en kwel van het leven, in plaats van over de mogelijkheden? Wat kan ik creëren dat dit zal veranderen?"

Good Vibes for You

Ik besloot een bedrijf op te richten dat het geluksquotiënt van de wereld zou verhogen, en de manier waarop mensen naar het leven kijken, zou veranderen. Ik kwam met de naam Good Vibes to You (goede vibraties / goede energie naar jou), en ik gebruikte die een paar maanden, maar het voelde niet helemaal goed aan. Het was te geforceerd, dus veranderde ik de naam in Good Vibes for You (goede vibraties / energie voor jou). Dat was beter. Het had een energie die nauwer aansloot bij wat ik wenste te creëren. Het voelde lichter. Wil je goede vibes? Hier zijn ze. Wil je geen goede vibes? Prima, ze zijn hier, als je ze wel wilt hebben.

Ik keerde terug naar Australië en begon funky t-shirts te ontwerpen, met inspirerende uitspraken en veel heldere kleuren, voor het jongere danceparty-publiek. Mijn idee was dat als je één van deze t-shirts droeg en mensen dat lazen, het voor hen een uitnodiging zou kunnen zijn om meer bewust te zijn, of iets in hun leven te veranderen en meer vreugde te creëren. Ik liet iemand ons logo ontwerpen: een grote regenboog met "Good Vibes for You" erin en ik startte de verkoop van de shirts op festivals en de weekendmarkten.

Eén van de spreuken op de t-shirts waar ik altijd van hield was: "Stel je voor wat je zou doen als je wist dat je niet kon falen." Voor mij was het niet mogelijk om te falen of iets te doen dat verkeerd was. Je eindigde gewoon met iets dat er niet uitzag zoals je het verwachtte. Het ging gewoon niet volgens jouw plan, en er gaat sowieso niets volgens jouw plan. Ik ken niemand die zijn zakelijke of persoonlijke doelen volgens plan heeft bereikt.

Stel je voor wat je zou doen als je wist dat je niet kon falen.

Op een ander t-shirt stond: "Sta open voor de momenten van het leven. Wees niet bang om te veranderen." Op een dag, toen ik dit t-shirt droeg op een expo, liep er een man voorbij, hij keek naar mijn t-shirt en keek me toen recht in mijn ogen. Ik kon een verandering zien in zijn hele wezen. Op dat moment wist ik dat hij een andere mogelijkheid zag. Hij wist dat er iets anders mogelijk was. Al was het maar voor één moment, ik had de manier waarop hij naar de wereld keek, veranderd. Die energie paste bij de energie van datgene wat ik in de wereld wilde creëren. Ik wenste dat ieder individu op de planeet zou weten dat er meer mogelijkheden zijn. Alles is mogelijk.

Sta open voor de momenten van het leven.

Wees niet bang om te veranderen.

Enkele andere spreuken waren: "Wees de verandering die je wilt zien in de wereld", "Creëer jouw wereld", "Doe iets wat buiten je comfortzone ligt" en "Wat verlangt de planeet van jou?" Veel mensen spraken over wat we zouden moeten doen om de planeet te redden, maar bijna niemand vroeg de planeet: "Wat zou jij willen?".

Soms kwamen mensen naar mijn kraam en lazen alle spreuken op de shirts. Ze kochten niets. Ze zeiden alleen maar: "Ik kan hierheen komen en deze uitspraken lezen en het maakt dat ik me anders voel." Wederom had ik bereikt wat ik wilde. Ik had de manier veranderd waarop mensen naar hun leven keken.

Op een dag kocht een dame van middelbare leeftijd tien t-shirts. Ze was niet van plan om ze te dragen - ze was van plan om ze overal in haar huis op te hangen, omdat ze het geweldig vond wat ik deed. Dit maakte dat ik vragen ging stellen. Wat kan ik nog meer creëren? Wat kan voor iedereen interessant zijn, en niet alleen maar voor de jongere generatie? Wat zou de wereld nog meer kunnen zien? We begonnen met magneten en stickers met dezelfde uitspraken, wat ons de gelegenheid gaf om het bedrijf verder te ontwikkelen. Als je je gewaarzijn gebruikt en in de vraag bent, kun je weten hoe en wanneer je jouw bedrijf kunt uitbreiden.

Op een dag kreeg ik een telefoontje van een dame die een magneet had gekocht waarop stond: "Stel je voor wat je zou doen als je wist dat je niet kon falen." Ze vertelde dat ze zes kinderen had en getrouwd was met een man die haar al jaren in elkaar sloeg. Ze geloofde niet dat er een uitweg was uit haar situatie. Ze zei dat ze de magneet op haar koelkast had gehangen, en dat ze gedurende zes maanden elke ochtend wanneer ze opstond, de tekst las. Op een dag nam ze haar kinderen mee en verliet ze haar gewelddadige man. Ze wilde me bedanken, omdat de woorden op de magneet haar de kracht en de moed gaven te weten dat het mogelijk was hem te verlaten. Het was een magneet van vijf dollar. Als ik mijn succes had afgemeten aan de vijf dollar die ze me had betaald, zou ik mezelf dan beschouwen als succesvol? Echt niet. Als ik mijn succes echter zou afmeten aan de verandering die het had gecreëerd in het leven van die vrouw en daardoor in het leven van haar zes kinderen, dan was ik een groot succes.

Toen ik op een dag op een festival werkte, bekeek een motorrijder in motorkleding de stickers die ik te koop had. Hij had lang haar in een staart en hij droeg een Jack Daniels t-shirt, een leren broek, grote, zware laarzen en een leren motorjas met een club logo erop. Hij gaf me het geld voor een sticker en ik vroeg: "Welke kies je?"

"Wees jij en verander de wereld," zei hij. Ik vroeg hem waar hij hem ging plakken. "Op de achterkant van mijn motor," antwoordde hij. Ik dacht: "Super. Hoe wordt het beter dan dit?" Wederom was ik succesvol. Hoeveel mensen zouden die sticker lezen? "Wees jij, en verander de wereld?"[1]

---

1   Zie de woordenlijst voor uitleg over het gebruik van het woord "zijn".

Wees jij & verander de wereld

Good Vibes for You flessenwater

Good Vibes for You is veranderd en het is flink gegroeid sinds ik t-shirts verkocht op festivals in Sydney, maar onze doelstelling om de verandering te zijn die we willen zien op de planeet is hetzelfde gebleven.

Op een dag ging ik naar een cursus van Access Consciousness. Ik had een fles water bij me en ik plakte er één van onze kleurrijke Good Vibes for You stickers op, om mijn fles van alle andere te onderscheiden. Anderen begonnen ook stickers op hun flessen te plakken. Al snel stonden er overal waterflessen met Good Vibes stickers en slogans erop als "Wees jij en verander de wereld" of "Wat is er nog meer mogelijk?" of "Oneindig wezen, oneindige mogelijkheden."

Iemand zei: "Simone, Good Vibes moet flessenwater gaan aanbieden met slogans op de etiketten." Nou ben ik een water snob en ik hield van mijn specifieke merk water, en op dat moment was er geen water op de markt dat mensen of de planeet bekrachtigde, dus mijn zakenpartner ging de mogelijkheden onderzoeken voor flessenwater als één van onze producten. Wij kwamen in contact met een man die een prachtige natuurlijke bron had in de buurt van Sydney, en mijn zakenpartner en ik gingen er in mijn cabrio op uit om hem te ontmoeten. De man leidde ons rond op het terrein en we spraken over water en business. Ik vroeg hem: "Hoeveel mensen beginnen interesse te tonen in water als business?"

Hij zei: "Misschien 500 tot 1000 per week. Iedereen denkt door flessenwater te verkopen een miljoen dollar te kunnen verdienen, en ze doen meteen de eerste aanbetaling voor een nieuwe Ferrari."

We lachten en ik zei: "Ach, ik heb deze cabrio al..."

Deze man was weg van het concept dat we wilden introduceren met flessenwater, met een biologisch afbreekbare fles met kleurrijke, bekrachtigende labels die een gevoel van plezier en lichtheid overbrachten. Hij moedigde ons vanaf de eerste dag aan en deed wat hij kon om ons te helpen. Hij is een goede "Aussie". Toen één van onze potentiële klanten vanuit een ander land naar Australië vloog, reed onze leverancier naar het vliegveld in Sydney om de klant op te halen, gaf hem een rondleiding bij zijn bron en vertelde hem dat wij zijn favoriet waren om zaken mee te doen. Hij liet ons groter overkomen dan we waren. Hij zei tegen me: "Ik wil echt dat jouw water business slaagt. Ik werk graag met je." Voor mij is dit de vreugde van business - werken met mensen die graag samenwerken met jou en jouw bedrijf. Hoe wordt het nog beter dan dit?

De waterindustrie was een harde noot om te kraken. Er zijn veel grote bedrijven die water verkopen, en het is een wereld van eten of gegeten worden, maar we maken er een grap over op ons etiket. Op onze nieuwe etiketten staat: "Wij zijn de kleinere onderneming in deze enorme arena." We hebben de fun-factor in de flessenwater-industrie gebracht, en dat valt op. Mensen voelen zich aangetrokken tot onze benadering en willen zaken met ons doen. Mijn idee is dat ze daadwerkelijk het verschil opmerken dat wij zijn.[2]

We hebben geweldige contacten over de hele wereld gelegd en we zijn bezig met veel spannende, internationale

---

2   Zie de woordenlijst voor uitleg over het gebruik van het woord "zijn".

mogelijkheden. Momenteel onderzoeken we andere producten en technologieën met betrekking tot water, onder andere van een machine die de lucht omzet in water. Deze geweldige machines zuigen het vocht uit de lucht en geven goed, schoon drinkwater.

Met zo'n machine zou niemand ooit zonder goed water hoeven te zitten. Het is beter dan al het gefilterde water of flessenwater dat je kunt kopen. Ieder huishouden zou er één moeten hebben!

Mensen zeiden: "Wacht even, je hebt een flessenwater-bedrijf en nu heb je deze machines. Concurreren die niet met elkaar?" Wij antwoordden: "Ja, en we zouden graag zien dat je deze machines ook gebruikt." We zijn ook bezig om klanten zover te krijgen dat ze voor het gebruik van volledig biologisch afbreekbare flessen gaan, flessen die zoveel beter zijn voor het milieu. Er is een bepaalde energie die ik altijd graag wilde creëren en genereren in de wereld, en deze dingen komen overeen met die energie. Dat is waarom we ze doen!

Bij Good Vibes for You gaat het er niet om om een flessenwaterleverancier te zijn. Het gaat niet om het water; het gaat over Good Vibes for You. Ons doel is om meer bewustzijn, meer vreugde en geluk te creëren en genereren in de wereld. Wat zou daarvoor nodig zijn?

Wat betekent succes voor jou?

Wat is het echte doel van jouw bedrijf?

Wat is het echte doel van jouw leven en bestaan?

Wat ben jij bereid te ontvangen?

November 2002: Ontmoeting met Gary Douglas

In een weekend in november 2002, toen ik nog op festivals werkte, ging ik naar Sydney om goederen van Good Vibes te verkopen op het Mind, Body en Spirit Festival. Een paar dagen daarvoor hoorde ik dat mijn vriend, Erin, die was gaan surfen op Bali, daar was gestorven aan malaria. Erins dood raakte me erg. Ik dacht: "Erin is dood en de wereld draait nog steeds door, alsof er niets is veranderd. Ik wilde alles stoppen, zodat ik een moment van rust kon hebben. Ik wilde zeker niet op het festival zijn, maar ik had $ 6000 betaald voor mijn stand op het festival, en ik wist dat ik een hoop geld moest omzetten om quitte te spelen.

Het voelde niet goed om mijn stand op te zetten en door te gaan alsof er niets was gebeurd, terwijl ik net mijn vriend had verloren. Maar daar was ik, zette alles op, en ik werd met de minuut bozer. Ik was boos op het universum, omdat Erin was overleden. Ik was boos dat het zo snel was gegaan. Ik was boos omdat dit was gebeurd met één van de liefste mensen die ik ooit had ontmoet, en ik was niet bereid om leugens en onzin om mij heen te dulden.

De mensen die hun kraam tegenover mij opzetten, zaten in een spirituele groep, en ik werd gek van hun luide stemmen en hun gelach. Op de één of andere manier leek het gelach niet echt. Er zat geen vreugde in. Het voelde meer als het nadoen van geluk. Ze omhelsden elkaar hart op hart en ze wilden mij ook hart op hart omhelzen. Het leek één grote poppenkast. Geen van de mensen zag eruit alsof ze echt gelukkig waren en leefden zoals ze wilden. Ik wilde uitroepen: "Nee! Ga weg. Soms zijn dingen niet zo makkelijk in het leven. Soms zijn dingen waardeloos. Soms kan het leven naar zijn." Ik wilde ze één voor één door elkaar schudden en zeggen: "Word wakker! Hoe zou je echt, écht willen dat je leven eruitziet? Is dit genoeg voor je?"

Precies op dat moment kwam een vriend van mij de hoek om lopen met Gary Douglas, de oprichter van Access Consciousness, die ook een stand had op het festival. Ik had Gary één keer eerder ontmoet bij een avondclass die hij gaf over relaties, en ik was geïntrigeerd door zijn directheid. Op mij kwam hij oprecht over. Het was een verademing om hem te horen praten over relaties. Ik dacht: "Bedoel je dat het oké is als ik niet wil trouwen en geen kinderen wil? Dat is niet verkeerd? Geweldig!" Hij was de eerste die me liet zien dat wat ik wist niet verkeerd was; het was gewoon anders, het verschilde van wat andere mensen kozen te geloven en hoe zij kozen hun leven te leiden.

Mijn vriend en Gary groetten mij. Ik zei hallo en probeerde mijn "alles is normaal en prima" gezicht op te zetten. Ik gaf mijn vriend een snelle knuffel, omhelsde Gary kort en ik trok me terug. Gary keek me recht in de ogen en zei: "Je zou veel beter af zijn als je ervoor open zou staan om meer te ontvangen. Jouw bedrijf zou beter af zijn, je zou meer geld verdienen en je zou gelukkiger zijn."

Ik antwoordde: "Ja. Oké, bedankt," en ik dacht: "Je hebt geen idee wat er in mijn leven gaande is, man! Gekke vent, hij heeft geen idee waar hij het over heeft," en toen kreeg ik het druk en zette zijn opmerking uit mijn gedachten. Althans, ik dacht dat ik het uit mijn hoofd had gezet. Die nacht logeerde ik bij een vriend in Sydney. Ik was uitgeput na een lange dag, maar ik kon niet in slaap komen. Gary's opmerking over ontvangen bleef maar malen in mijn hoofd. Ik probeerde erachter te komen wat hij bedoelde met die opmerking. Ik gaf altijd dingen weg. Dat is wat je wordt geacht te doen, toch? Wat Gary tegen me zei, had mijn wereld ondersteboven en binnenstebuiten gekeerd. Ik zei tegen mezelf: "Dit is gek. Zegt hij dat ik zou kunnen ontvangen in plaats van geven?" Ik had geen idee hoe dat eruit zou zien. Dit alles maakte me boos.

Ik was de volgende ochtend zo woedend, dat ik over het Mind, Body en Spirit Festival marcheerde, naar Gary bij de Access Consciousness stand. Ik stond voor hem met mijn handen op mijn heupen en vroeg: "Wat bedoelde je in hemelsnaam met wat je gisteren tegen me zei?" Gary keek me alleen maar aan, glimlachte en vroeg waar ik het over had.

Ik antwoordde: "Je vertelde me dat ik veel beter af zou zijn als ik ervoor openstond om te ontvangen. Ik dacht niet dat ik mocht ontvangen. Ik dacht dat mijn taak in het leven was om te geven, niet om te ontvangen." Ik kan me Gary's antwoord niet herinneren. Ik herinner me wel dat er een gevoel van rust was na ons gesprek. Iets was licht in mijn universum; ik wist dat er in wat hij zei, iets was dat juist en waar was. Ik was meer "ik." Niet veel mensen in mijn leven hadden me bekrachtigd om mij te zijn. Er was iets dat maakte dat ik me in Gary's aanwezigheid ontspannen en vredig voelde over wie ik koos te zijn, hoe dat er ook zou uitzien.

De volgende dag op het festival had ik een lichte kater, want ik had de avond ervoor een paar drankjes genomen. Ik liep langs de stands op het festival, op zoek naar een massage of iets wat ik zou kunnen doen om de kater iets te verlichten. Toen ik langs de Access Consciousness stand liep, vroeg één van de dames of ik mijn Bars wilde laten lopen. Ik had geen idee wat het betekende om mijn Bars te laten lopen. Ik keek naar de massagetafel en zei ja. Ik ging op de tafel liggen en na een half uur Bars ontvangen begon ik te huilen en te huilen. Ik droeg mijn Good Vibes for You t-shirt, en iedereen op het festival wist wie ik was. Hier lag ik op de massagetafel, tranen met tuiten huilend. Ik ging rechtop zitten en zei: "Ik moet weer aan het werk!" Ze deden proefsessies voor $ 20 en toen ik de dame ging betalen, vertelde ze mij dat ik de sessie cadeau kreeg. Het ging weer over ontvangen, en ik begon nog veel harder te huilen.

Precies op dat moment kwam Gary de hoek om. Hij keek me aan, glimlachte en vroeg: "Moet ik je nog een knuffel geven?" Ik zei: "Nee! Ja. Nee. Ik weet het niet!" Hij gaf me een knuffel en nodigde me uit naar buiten te gaan voor een gesprek. Ik zei: "Nee! Ik weet het niet. Ja. Nee." Hij zei: "Het is jouw keuze. Als je wilt, ga ik naar buiten en maak een praatje met je." Ik keek hem aan en zei oké. Terwijl we naar buiten liepen, biggelden de tranen over mijn wangen, en ik was bezorgd dat het geen goede reclame was voor Good Vibes for You, dat werd verondersteld te gaan over het verhogen van het geluksquotiënt in de wereld.

Gary zat 40 minuten bij me en hij stelde me vragen. Hij liet me kijken naar waar ik iedereen als waardevol zag, behalve mezelf. Hij vroeg me te bekijken en te erkennen op welke manier ik andere mensen op de één of andere manier beter achtte dan mezelf, ondanks het feit dat ik degene was die de kracht en de macht leek te hebben om mijn bedrijf en mijn leven te genereren en te creëren. Ik droeg bij aan de verandering in hun leven, maar toch voelde ik me dankbaar om hen om me heen te hebben. Ik was nog nooit bereid geweest dat te erkennen. Ons gesprek zette mijn wereld op zijn kop.

Gary gaf die avond een seminar, dus ging ik erheen. Toen ik luisterde, dacht ik: "Wow, deze man spreekt over alles wat ik wil creëren met Good Vibes for You, met het verschil dat hij de technieken heeft om het voor elkaar te krijgen." Het was de eerste keer ooit dat ik iemand hoorde praten over de verandering waarvan ik wist dat die mogelijk was in de wereld.

In die tijd zag ik mezelf als een beetje maf. Ik liet het toe dat mensen me een hippie noemden, omdat ik dacht dat ze zo konden ontvangen wie ik was. Maar daar was Gary - hij ging zo goed gekleed - er was niets vreemds aan zijn uiterlijk en hij sprak over alle dingen waarvan ik wist dat ze mogelijk waren, en die niemand anders leek te geloven.

Tijdens het seminar vloekte Gary vaak. Ik was nog steeds boos en van streek over Erin, en mijn reactie was: "Oh, God zij dank, iemand hier is echt." Het maakte dat ik des te meer haar hem ging luisteren. Ik had geen geduld voor enige vorm van doen alsof. Ik was zo onder de indruk, dat ik besloot een week langer in Sydney te blijven, omdat Gary het volgende weekend een tweedaagse Out of the Box cursus zou geven. Dat was in november, onze drukste tijd van het jaar. Ik belde mijn medewerkers in Brisbane en zei: "Ik kom niet terug."

Ze vroegen: "Wat bedoel je, je komt niet terug?" Ik zei dat ik van plan was om een week in Sydney te blijven en een class te volgen bij een man van Access Consciousness. Ze flipten, omdat ik alles beheerde in het bedrijf, en nu vertelde ik ze ineens dat ze tijdens de drukste tijd van het jaar op zichzelf waren aangewezen. Ze vroegen: "Wat moeten we dan doen?" Ik vertelde hen dat ze het prima gingen redden. Dat was de eerste keer dat ik mijn medewerkers bekrachtigde.

Ik zei ook: "Als je de class wilt bijwonen, zal ik je vlucht betalen, zodat je ook kunt gaan." (Dat deden ze niet.) Dus ik ging naar de tweedaagse class met Gary. Ik bleef achterin de zaal, vlakbij de deur, zodat ik kon vertrekken wanneer ik dat wilde. Ik was niet van plan ergens aan vast te zitten of ergens te zijn waar ik niet wenste te zijn! Tegen het eind van die twee dagen was mijn leven volledig veranderd. Gary sprak over alle dingen waarvan ik geloofde dat ze waar zijn. Alles wat hij zei was logisch voor mij. Ik zag in dat ik het niet verkeerd had met wat ik wist dat er mogelijk was, en dat geen van mijn keuzes verkeerd waren. Dat was het grootste geschenk dat ik van de cursus kreeg.

Ik zag in welke waarde Access Consciousness zou kunnen hebben voor de wereld, en vanaf het begin was mijn streven om ervoor te zorgen dat elke persoon in de wereld wist dat het bestond, zodat ze het zouden kunnen kiezen. Na die class zei Gary tegen mijn vriend, die nog maar net was begonnen met het faciliteren van Access Consciousness classes in Australië: "Je moet Simone om hulp vragen bij het opzetten van je Access-business."

Mijn vriend was een geweldige facilitator, maar het was moeilijk voor hem om zijn bedrijf te starten, omdat hij geen gevoel voor zaken had. Ik was verbaasd toen ik ontdekte dat hij niet eens een e-mailadres had, dus maakte ik een e-mail account voor hem aan en begon ik met het invoeren van de e-mailadressen van de mensen in een contactenlijst. Ik stelde hem voor dat hij hen e-mails ging sturen en ging bellen als er evenementen plaatsvonden. Dit was de eerste keer dat ik besefte dat niet iedereen zakendoen zo makkelijk of zo plezierig vond als ik, of een gevoel had van de mogelijkheden die er waren.

Toen Gary het jaar daarop weer naar Australië kwam om een cursus te geven, heb ik de hele class tot stand gebracht. Ik organiseerde de class, boekte de zaal, organiseerde accommodaties, stuurde ter promotie brieven uit, belde iedereen en kreeg de hele class georganiseerd. Het was de grootste class die ze ooit in Australië hadden gehad.

Gary zei: "Dank je. Ik ben je zo dankbaar." Toen voegde hij eraan toe:" Ik denk dat ik je geld schuldig ben."

Ik vroeg: "Waarvoor?"

Hij zei: "Om de kosten te dekken voor de uitnodigingen die je hebt verstuurd," en ik barstte in huilen uit. Het ging weer eens over ontvangen.

Gary lachte alleen maar.

Ik zei tegen hem dat hij niet mocht lachen omdat ik huilde, en hij zei: "Ja, dat mag ik wel, het is grappig!" Toen schonk hij mij de cursus en ik huilde een uur lang. Het hele thema van ontvangen zette mijn wereld opnieuw op zijn kop.

Snel daarna begon ik voor Gary en zijn zakenpartner, Dr. Dain Heer, cursussen en seminars te organiseren in Australië, Nieuw-Zeeland en delen van Azië. Op een dag spraken Gary en ik over de verschillende aspecten van Access

Consciousness en wat ik creëerde en genereerde in Australazië. Hij zei: "Ik heb iemand als jij nodig in Amerika."

Ik keek hem aan en zei: "Nou, dat zou ik kunnen doen."

Hij vroeg: "Hoe zou je het vinden om de wereldwijde coördinator van Access Consciousness te zijn?"

Mijn mond viel open en ik vroeg: "Wat bedoel je?"

Hij glimlachte en herhaalde: "Hoe zou je het vinden om de wereldwijde coördinator van Access Consciousness te zijn?"

Ik vroeg: "Wat houdt dat in?"

Gary noemde vijf verschillende dingen die hij wilde dat ik zou doen.

Ik zei: "Ik zou het leuk vinden om dat te doen."

Gary was niet op zoek naar iemand met zakelijke referenties; het ging hem om de energie waarvan hij wist dat ik die over de hele wereld kon creëren en genereren. Hij zag capaciteiten in mij die ik op dat moment niet in mezelf kon zien.

Er komt een grote mate van kwetsbaarheid bij kijken om alles - met inbegrip van de grootsheid die eenieder van ons is - te ontvangen. Zodra ik mijn vermogen om te ontvangen aanwendde, besefte ik dat ik wel bereid was geweest om de technieken om te kunnen ontvangen aan anderen beschikbaar te stellen, maar dat ik erop stond dat ik degene was die alles deed. Ik liet het niet toe dat mensen mij iets gaven.

Access Consciousness heeft dat allemaal voor mij veranderd, en dat ging niet over één nacht ijs. Access verandert mijn onbewuste patronen over ontvangen nog steeds, en ik ben nu in staat om meer te ontvangen. Ik vraag steeds om meer in mijn leven, en ik ben ook in de gelegenheid anderen te begeleiden om hun onbewuste patronen over ontvangen te veranderen.

De wereld ziet er heel anders als uit je ervoor openstaat om te ontvangen.

De bereidheid om te ontvangen

Dit verhaal over de ontmoeting met Gary is een uitgebreide manier om te zeggen dat jouw vermogen om te ontvangen essentieel is voor het succes van je bedrijf. Bij ontvangen hoort jouw vermogen om alle goede dingen in het leven te ontvangen, en het gaat veel verder dan dat. Het omvat jouw vermogen om alles te ontvangen - het goede, het slechte, het mooie en het lelijke. Je moet bereid zijn om geld te ontvangen en je moet bereid zijn om geen geld te ontvangen. Je moet bereid zijn om bewondering, waardering en geschenken ontvangen. Je moet bereid zijn om informatie en andermans standpunten te ontvangen. Je moet bereid zijn om waardering en goedkeuring te ontvangen en je moet bereid zijn om kritiek en oordelen te ontvangen. Je moet bereid zijn om te ontvangen dat jouw bedrijf succesvol is en dat jouw bedrijf niet succesvol is. Je moet bereid zijn om alles, absoluut alles ervan te ontvangen, zonder belang te hebben bij het eindresultaat.

Werkelijk ontvangen is immens diepgaand, aangezien het jouw vermogen om waar te nemen, te weten en zelfs te zijn beïnvloedt. Stel dat je hebt besloten dat je ergens gelijk over hebt, en dat je niet bereid bent om andere informatie of andere perspectieven te ontvangen. Je bent dan niet in staat om waar te nemen wat er naast jouw beperkte standpunt allemaal mogelijk is. Als je niet kunt waarnemen, heb je jouw weten afgesneden. En als je jouw weten hebt afgesneden, heb je jouw bewustzijn en jouw mogelijkheid om aanwezig te zijn ook afgesneden, terwijl dat is wie en wat je bent. Je kunt dan niet jou zijn. Om succesvol te zijn in business, moet je in staat zijn te ontvangen, waar te nemen, te weten en te zijn. De bereidheid om te ontvangen is de sleutel die jou in staat stelt dit te doen.

Ben je bereid dankbaarheid en succes te ontvangen?

Ik heb een vriendin, die een kledingwinkel heeft in Queensland, Australië. Ze is hartstikke goed in wat ze kan doen met mensen, hun kleren en hun lichamen. Ze weet precies wat haar klanten nodig hebben om er prachtig uit te zien en zich mooi te voelen, en ze voelen zich absoluut geweldig in de kleren die ze voor hen uitkiest. Mijn vriendin is een mooie, lange vrouw. Ze heeft een geweldig lichaam en ze draagt prachtige kleren. Haar gaven waren zo duidelijk voor mij en vele anderen, maar ze liet niet toe dat mensen haar daarvoor erkenden. Ze was erg verlegen en leek te verbergen wie ze werkelijk was.

Op een dag vroeg ik haar: "Zullen we jouw winkel vermelden en de mensen in mijn cursus vertellen wat je doet?" Ze kruiste haar armen, liet haar hoofd hangen en zei: "Oh nee, ik kan niet voor de deelnemers gaan staan en dat doen." Ze kon het niet ontvangen. Ze vond het zo gemakkelijk te doen wat ze doet, dat zij de waarde ervan niet kon inzien en de erkenningen en dankbaarheid van anderen niet kon ontvangen.

Sinds zij de technieken van Access Consciousness gebruikt, is haar bereidheid om te ontvangen drastisch toegenomen. Ze heeft nu twee winkels en is haar eigen kledinglijn begonnen. Ook verzorgt ze de persoonlijke styling voor klanten over de hele wereld. Ze heeft nu veel succes, want ze is nu bereid om het te ontvangen! Lijk je op mijn vriendin, al is het maar een klein beetje? Ontvang jij de bedankjes en uitingen van waardering die mensen je geven volledig? Ben je bereid om de dankbaarheid te ontvangen die mensen voor jou en jouw bedrijf hebben - of

loop je ervoor weg? Ben je bereid om de roem te ontvangen?
Ben je werkelijk bereid om succes te ontvangen?

Ben je bereid geld te ontvangen?

Jarenlang probeerde mijn vader me geld te geven, en ik weigerde zijn aanbod altijd. Ik bedankte hem en vertelde hem dat
ik zijn geld niet nodig had. Ik kon wel zonder. Nadat ik mijn
bereidheid te ontvangen had vergroot, accepteerde ik eindelijk
een geldgeschenk van hem, en ik zag hoe blij en dankbaar hij
was dat ik het aannam. Ik besefte: "Wauw! Al die jaren liet ik
dit niet toe!" Ik realiseerde me dat als je niet ontvangt, je het
plezier van het schenken stopt, je het plezier om een bijdrage
te zijn stopt en je eveneens het gemak waarmee jouw bedrijf
loopt, stopt.

Om succesvol te zijn in het bedrijfsleven moet je bereid zijn
om van iedereen geld te ontvangen, zonder oordeel. Je moet
geld willen ontvangen van mensen die je bewondert, en van
mensen die je niet aardig vindt. Je moet bereid zijn om geld te
ontvangen van absoluut iedereen. Wat als je contant geld en
kostbaarheden zou ontvangen, zoals een auto of een nieuwe
computer, overal vandaan en van iedereen? Weet je wat? Dat
kan! Alles wat je hoeft te doen, is te vragen - en te ontvangen.

Niet zo lang geleden zocht één van mijn vriendinnen een
appartement in Los Angeles, en we reden in drie verschillende
wijken rond, kijkend naar locaties om een idee te krijgen waar
ze zou willen wonen. Dit bleek een interessante oefening in
het ontdekken van wat we bereid waren te ontvangen. Ik ben
opgegroeid in een familie uit de hogere middenklasse, dus toen
we rondreden in gebieden waar de huizen overeenkwamen met
het gebied waar ik was opgegroeid, was mijn reactie: "Ja, hier

zou ik kunnen wonen!" Daarmee was ik bekend, en dat was ik bereid te ontvangen.

Daarna gingen we naar een behoorlijk rijke wijk genaamd Bel Air, en ik fluisterde: "Mogen we hier wel zijn?" Er was een energie die ik niet herkende, en ik voelde me er ongemakkelijk bij. Het was de energie van miljoenen en miljarden dollars, die ik niet bereid was te ontvangen.

En tenslotte reden we in een gebied dat minder welvarend was, en ik merkte wederom dat ik me er ongemakkelijk voelde. Ik dacht: "Ik zou hier nooit gaan wonen!" Ik was alleen bereid die energie te ontvangen, waarvan ik had geleerd om me er prettig bij te voelen. Zie je hoe het onvermogen om de energie van miljoenen dollars te ontvangen, gevolgen kan hebben voor jouw bedrijf? Of dat jouw ongemak met de energie van minder geld dan je bent gewend, klanten kan wegjagen? Ben je bereid om steenrijke klanten te ontvangen? Ben je bereid om klanten te ontvangen die slecht gekleed zijn? Ben je bereid om tonnen geld te ontvangen? Of helemaal geen geld?

Wat ben jij bereid te ontvangen?

Ben je bereid om enorme hoeveelheden geld te ontvangen? Ben je bereid om te worden gewaardeerd en bewonderd? Ben je bereid om te worden begeerd, en niet slechts door een paar mensen, maar door duizenden? Kun je het hebben dat mensen jouw ideeën, jouw ontwerpen of jouw kunstwerk willen stelen? De energie die je niet bereid bent te ontvangen, is precies de energie die de beperking van jou, jouw bedrijf en jouw financiële realiteit zal creëren.

Als jouw bedrijf niet zo succesvol is als je zou willen, kijk dan eens naar jouw bereidheid om van alles en nog wat te ontvangen. Vraag:

+ Wat ben ik niet bereid te ontvangen?
+ Welke energie heb ik niet willen ontvangen, die meer succes zou creëren dan ik me ooit heb voorgesteld?
+ Zou je bereid zijn te veranderen - en die dingen wel te ont- vangen? (Het zou je wereld kunnen veranderen!)

Jouw vermogen om te ontvangen is essentieel voor het succes van jouw bedrijf.

Zakendoen
zonder oordeel

Oordelen is één van de grootste obstakels voor ontvangen. Als je al jouw oordelen en conclusies over hoe iets eruit zou moeten zien achter je kunt laten en simpelweg kunt waarnemen en ontvangen wat voor je ligt, zul je veel meer keuze hebben in jouw universum. Dit is functioneren vanuit waarneming. Waarnemen is licht, zoals de wind. Het staat niet vast, en het verandert continu.

Oordelen, gevoelens, besluiten en conclusies daarentegen, staan vast. Ze hebben te maken met datgene waarvan jij denkt dat het goed en slecht is. Zodra je ergens een oordeel over velt, ongeacht of dat positief of negatief is, snijd je jouw vermogen af om ook maar iets waar te nemen wat dat oordeel te boven gaat. Elk oordeel dat je hebt belemmert je om alles te ontvangen dat niet overeenkomt met jouw oordeel. Bijvoorbeeld, als je jouw bedrijf beoordeelt als mislukt, ben je dan nog in staat te zien wat er goed aan is? Zul je in staat zijn te profiteren van de grote mogelijkheid die net is verschenen? Nee. Als je oordeelt dat jouw bedrijf perfect is, zul je dan in staat zijn te zien wat er niet werkt en wat er moet veranderen? Nee. Je hebt hoe dan ook oogkleppen op, en je zult geen informatie binnenlaten die strijdig is met wat je hebt besloten. Weet je wat oogkleppen zijn? Paarden dragen oogkleppen, zodat ze zich tijdens de race alleen kunnen richten op het eindpunt. De oogkleppen zorgen ervoor dat ze zich niet bewust zijn van alles wat er om hen heen gebeurt. Ben jij dus bereid om jouw oogkleppen af te doen en je bewust te zijn van alle mogelijkheden? Je kunt dit doen als je stopt met oordelen en bereid bent om alles te ontvangen.

Welke oordelen heb jij over jouw business?

Mensen in het bedrijfsleven vragen me vaak: "Wat is de doelgroep voor Good Vibes for You? Ik zeg dan: "Nou, het is voor iedereen die zijn leven wenst te veranderen!" Wat als er geen doelgroep is voor jouw bedrijf? Wat als je dat oordeel of die projectie niet zou hebben als onderdeel van jouw businessmodel? Wat als je gewoon open zou staan om iedereen te ontvangen die verscheen, of het nu iemand is die je zei dat je nooit zou kunnen slagen, of iemand die in grote mate heeft bijgedragen aan jouw succes?

Het kan zijn dat een bepaald publiek of bepaalde clientèle meer geneigd is om van jouw producten of jouw diensten te genieten, maar als je functioneert vanuit de conclusie dat zij jouw klanten zijn, verhinder je dat er iemand anders of iets anders naar je toekomt. Als je op een bedrijf projecteert dat het een bepaalde doelgroep heeft en alleen kan verkopen aan vrouwen van 15 tot 25 jaar, dan zal het bedrijf alleen dat uitnodigen. Als je echter vraagt: "Wat is ervoor nodig dat dit bedrijf een uitnodiging is voor iedereen die zijn of haar leven wil veranderen?" maak je ruimte voor iedereen om te komen.

Merk je dat je soms een bedrijf en haar vermogen om te slagen beoordeelt? "Dit bedrijf zal geen geld opleveren" is een projectie en een oordeel. Waarom vraag je in plaats daarvan niet:

+ Wat moet er hier veranderen?
+ Wat zouden we kunnen veranderen?

+ Kunnen we het veranderen?
+ Hoe kunnen we het veranderen?

Zie je hoe oordelen de energie stoppen - en dat vragen de energie juist laten stromen? Als je een vraag stelt, nodig je meer bewustzijn uit, en daarmee meer mogelijkheden.

Heb je oordelen en conclusies over wat er wel en niet mogelijk is in business? Jaren geleden werkte ik met een man die opgroeide onder zware omstandigheden. Als gevolg van zijn ervaringen had hij de neiging om te functioneren vanuit beslissingen en oordelen. Hij concludeerde dingen als: "Je moet hard werken voor je geld," en als een grote mogelijkheid zich voordeed, zei hij: "Oh, dat gaat nooit gebeuren!" Hij plaatste zijn oordeel in de weg van wat het ook was, en hij stopte de stroom van wat er zou kunnen gebeuren. Zou jij bereid zijn om de energie te veranderen van iedere beslissing of conclusie die je hebt genomen of getrokken, en toe te laten dat er oneindige mogelijkheden opduiken voor jou en jouw bedrijf?

Heb je een oordeel over jouw cliënten of klanten?

Als mensen in jouw bedrijf komen, heb je dan onmiddellijk een oordeel over ze? Evalueer je hoe ze eruitzien? Beslis je hoeveel geld ze hebben, hoeveel geld ze niet hebben, of wat ze gaan uitgeven? Besluit je met welke klanten je te maken wilt hebben, en met welke niet? De meesten van ons hebben de neiging om dit te doen, en het beperkt ons enorm.

Ik herinner me dat ik met een vrouw werkte wiens business in lichaamswerk niet goed liep. Ze vroeg zich af waarom ze niet meer klanten had. Tijdens ons gesprek zei ze: "Ik wil alleen mensen behandelen die bewust en gewaar zijn." Als je een dergelijk oordeel hebt, zul je een klein bedrijf hebben! Ze realiseerde zich niet dat haar oordeel potentiële klanten bij haar weghield. Hoe kun je geld ontvangen van iemand als je niet kunt ontvangen wie ze zijn?

Interessant standpunt

Een paar maanden geleden moedigden sommige mensen me aan om een blog over Access Consciousness te starten en te vertellen over wat ik zoal doe over de hele wereld. Ik besloot het te proberen. Ik wist dat mijn blogposts niet bij iedereen in de smaak zouden vallen, en dat ik tegenreacties of oordelen zou krijgen. En inderdaad, die kreeg ik. Een andere blogger schreef kritische opmerkingen over een aantal van mijn berichten.

Als iemand een oordeel over je heeft, is er een neiging om ofwel weerstand te bieden en erop te reageren en te zeggen: "Hoe kunnen ze dat zeggen?" of om het ermee eens te zijn, je erop af te stemmen en te zeggen: "Weet je wat? Ik ben inderdaad zo fout (of goed) als ze zeggen!" Zeer weinig mensen zijn in toelating, oftewel "Oh, dat is een interessant standpunt." Als je dingen kunt toelaten, laat je het oordeel van je afglijden.

Gelukkig raakte ik niet verstrikt in het tegenspreken van de oordelen van de andere blogger. Ik verzette me niet en reageerde er ook niet op, noch stemde ik erop af en was ik het ermee eens. Ik las haar opmerkingen en dacht: "Nou, dat is een interessant standpunt." Toen liet ik het los. Ik wist dat haar oordelen niets te maken hadden met mij. Ze gingen over haar. Als je bereid bent om oordelen te ontvangen, kun je het daadwerkelijk in jouw voordeel gebruiken. Je weet waar die persoon vanuit functioneert, en wat ze niet bereid zijn om te ontvangen. In feite kun je deze informatie zelfs gebruiken om situaties zo te bespelen dat ze in jouw voordeel werken.

Wanneer we ons verzetten tegen en reageren op of ons aansluiten bij of het eens zijn met andermans oordelen over ons, zullen onze reacties een afleiding zijn van het ontvangen. Zijn we echter bereid om het oordeel te ontvangen en er geen standpunt over te hebben, dan kunnen we boven het oordeel uitgroeien. We kunnen het bedrijf dat we echt verlangen dan creëren en genereren.

Om succesvol te zijn in het bedrijfsleven, moet je bereid zijn om alles te ontvangen wat zich aandient, ongeacht hoe het eruitziet. Je moet bereid zijn om oordelen te ontvangen, niet alleen van anonieme bloggers of terloopse kennissen, maar ook van jouw zakelijke partners en collega's. Als iemand over je oordeelt, stel dan vragen, vraag om meer bewustzijn erover en eis van jezelf dat je in toelating bent, wat de aard ook is van deze oordelen. Oordelen zijn niet echt. Als je aanneemt dat ze echt zijn, stop je de stroom van jouw bedrijf, en ook de mogelijkheden die beschikbaar zijn. Dit is waarschijnlijk één van de belangrijkste dingen om over oordelen te weten: ze zijn niet echt. Ze zijn gebaseerd op wat de oordelende persoon niet bereid is te ontvangen.

Je moet bereid zijn om alle oordelen te ontvangen, wat betekent dat je in toelating van het oordeel moet zijn, en het beschouwt als een interessant standpunt. Als je dit niet doet en je stemt in en beaamt het, of je biedt weerstand en verzet je, dan sta je het oordeel toe de stroom van alle mogelijkheden voor nu en in de toekomst te stoppen. Het is veel makkelijker om het oordeel gewoon te ontvangen! Bovendien is elk oordeel in feite een bijdrage aan de totstandkoming van jouw bedrijf.

Bijvoorbeeld: als iemand oordeelt dat je rijk bent, zul je meer geld creëren. Als iemand je beoordeelt als succesvol, zul je meer succes uitnodigen.

De maaiveldcultuur in Australië

In Australië hebben we wat we de maaiveldcultuur (*Tall Poppy Syndrome*) noemen. Je wordt geacht niet uit te blinken en je te onderscheiden van de massa. Je wordt niet geacht rijk en succesvol te zijn, tenzij je het met hard werken hebt bereikt. En als je zonder moeite zeer succesvol wordt, zullen mensen je genadeloos beoordelen en proberen om je naar beneden te halen tot hun niveau. Sommige mensen proberen niet eens iets groots te doen – ze willen hun kop niet boven het maaiveld uitsteken, zodat die dan niet wordt afgehakt.

Je kunt je afvragen: "Waarom zou ik oordelen moeten ontvangen? Ik haat het te worden beoordeeld!" Je denkt misschien dat je de oordelen die je gaat ontvangen, kunt inperken, maar zo werkt het niet. Feit is dat wanneer je geen oordelen wilt ontvangen, jij de mate van ontvangen beperkt, wat dus betekent dat je ook de dingen die je wel in je leven zou willen hebben, niet ontvangt, met inbegrip van geld.

Het Clearing proces

Op dit punt wil ik je laten kennismaken met het clearing proces dat we gebruiken in Access Consciousness, zodat je kunt beginnen met het wissen van de oordelen die je hebt over anderen, jezelf en jouw bedrijf. Het werkt als volgt.

We beginnen met een eenvoudige vraag:

Welk oordeel heb je meer echt gemaakt dan de oneindige mogelijkheden voor jou en jouw bedrijf?

Het is niet nodig om naar een antwoord op deze vraag te zoeken. Je bent op zoek naar bewustzijn, niet naar een antwoord. Het bewustzijn hoeft niet in woorden te komen. Het kan komen als een energie of een gevoel. Het kan ook zijn dat je niet eens cognitief weet wat het antwoord op de vraag is. Het maakt niet uit hoe het naar je toekomt. Je hoeft alleen de vraag te stellen. Dan uit je jouw bereidheid om de energie die de vraag omhoogbracht volledig te ontvangen (als je inderdaad bereid bent om het te ontvangen), evenals je bereidheid om het te vernietigen en ontcreëren:

Alles wat dat is, vernietig en ontcreëer ik, maal een godziljoen.

De volgende stap is de clearing statement. De clearing statement verwijdert jouw beperkende standpunten, zodat je een andere mogelijkheid kunt hebben in jouw leven en jouw bedrijf. Het gaat naar het punt van vernietiging (point of destruction, POD) of het punt van creatie (point of creation, POC) van de gedachten, gevoelens en emoties onmiddellijk voorafgaand aan de beslissing, het oordeel en de beperking die je aannam. Het is te vergelijken met de onderste kaart uit een kaartenhuis trekken: het geheel stort in. Het maakt niet uit of het punt van vernietiging of het punt van creatie vorige week was of honderd miljoen jaar geleden. De clearing statement gaat naar de plaats waar deze standpunten voor de eerste keer zijn gecreëerd en verwijdert de beslissingen die je hebt genomen. Dit gebeurt energetisch, zodra je de vraag en de clearing statement gebruikt.

Een manier om de clearing statement te begrijpen, is dat het de taal van energie is. Het maakt niet uit of je het met je verstand kunt bevatten - het te gebruiken volstaat. Als je alles had kunnen bedenken met je logische verstand, zou je alles hebben wat je je ooit hebt gewenst. Wat het dan ook maar is dat je afhoudt van wat je je wenst, het is niet logisch. Het zijn de krankzinnige standpunten die we willen vernietigen. De clearing statement is ontworpen om elk standpunt dat je hebt te verwijderen, zodat je kunt gaan functioneren vanuit jouw bewustzijn en jouw weten.

Gewaar zijn en weten is dat wat je werkelijk bent. Je bent een oneindig wezen, en als oneindig wezen kun je alles waarnemen, alles weten, alles zijn en alles ontvangen. Je kunt functioneren vanuit totaal gewaarzijn en totaal bewustzijn in alle aspecten van jouw leven, inclusief jouw bedrijf, als je daarvoor kiest.

Je kunt functioneren vanuit mogelijkheden, keuze, verandering, vraag en bijdrage. Je kunt vandaag de deuren openen naar wat er mogelijk is voor jou, jouw bedrijf, je leven en de planeet. Als je bereid bent om te functioneren als het oneindige wezen dat je werkelijk bent, kun je de wereld uitnodigen te veranderen en jouw bedrijf zal expanderen. En je kunt meer vreugde, geluk en dankbaarheid creëren in jouw leven en bestaan. Dat is waarom het zo krachtig is om jouw oordelen los te laten!

De Clearing Statement

Nadat je de bereidheid hebt getoond om de energie te ontvangen die de vraag omhoog bracht, zeg je de clearing statement:

Right and wrong, good and bad, POD and POC, all nine, shorts, boys and beyonds.[3]

---

3   Als je benieuwd bent naar de betekenis van de individuele woorden in de Clearing Statement, kijk dan in de woordenlijst voor de uitgebreide uitleg.

In het Nederlands zou dit kunnen zijn: juist en verkeerd, goed en slecht, Pod en Poc, alle 9, shorts, boys en beyonds.

Je kunt zowel de volledige clearing statement gebruiken die je net hebt gelezen - of je kunt gewoon zeggen: "Alles wat dat is, POD en POC dat." Of: "Alles wat ik in het boek heb gelezen." Dit verzamelt de energie en begint de standpunten te vernietigen en te ontcreëren. Probeer het maar!

Je zult veel vragen tegenkomen in de rest van dit boek, en je zou een energetische reactie kunnen hebben op sommige vragen die je leest. Gebruik de clearing statement om de energie die omhoog komt, te wissen. Onthoud: het gaat om de energie, het gaat niet om de woorden. Energie komt voor woorden. Maak het niet belangrijk. Je ruimt gewoon energie op en ook alle standpunten, beperkingen en beslissingen die je hebt gecreëerd. Probeer het eens. Als het voor je werkt, geweldig! Wat is het ergste dat er kan gebeuren? Oh! Het zou je hele bedrijf en je leven kunnen veranderen. Je zou meer geld kunnen verdienen. En het zou je blijer kunnen maken!

Oké, ben je er klaar voor om het proces nu te doen? Het is gemakkelijk.

Welk oordeel heb ik meer echt gemaakt dan de oneindige mogelijkheden voor mij en mijn bedrijf?
Alles wat dat is, en overal waar ik niet bereid ben geweest om dat te ontvangen, vernietig en ontcreëer ik, maal een godziljoen. Right and wrong, good and bad, POD and POC, all nine, shorts, boys and beyonds.

Oordelen over anderen

Zou je meer willen loslaten van jouw oordelen in business en in het leven? Hier is een geweldige vraag die je kunt gebruiken als je merkt dat je over andere mensen oordeelt. Het is geweldig, omdat we door alle tijden heen alles zijn geweest en alles hebben gedaan, en om iets te kunnen beoordelen, moet je het zijn geweest of het hebben gedaan. Als bijvoorbeeld iemand waarmee je werkt iets zegt of doet, en je merkt dat je over hen oordeelt, vraag dan:

Waar ben ik dit geweest en heb ik dit eerder gedaan?
Alles wat dat is, vernietig en ontcreëer ik, maal een
godziljoen. Right and wrong, good and bad, POD
and POC, all nine, shorts, boys and beyonds..

Jouw oordelen weerhouden je ervan
alles te ontvangen wat mogelijk is.

Elke vraag creëert een mogelijkheid

Mijn vrienden in Australië, Chutisa en Steve Bowman, hebben veel prachtige boeken geschreven, waaronder *Conscious Leadership* en *Prosperity Consciousness*. Chutisa en Steve reizen de hele wereld over en werken met CEO's en raden van bestuur van bedrijven. Hun standpunt is dat als je bewustzijn kunt creëren aan de top, het door de hele onderneming zal stromen. Zij hebben waargenomen dat zeer succesvolle CEO's de gewoonte hebben om vragen te stellen. Deze CEO's denken nooit dat ze gelijk hebben of dat ze alle antwoorden hebben. In plaats daarvan stellen ze voortdurend vragen. Een vraag is een uitnodiging voor nieuwe mogelijkheden, nieuwe informatie en nieuwe invalshoeken. Een vraag zorgt ervoor dat er iets anders kan verschijnen, terwijl een antwoord je tot stilstand brengt. Een antwoord zegt zoveel als: "Dat is het. Nee, bedankt. Niet meer."

Als er vragen vanuit de top van het bedrijf komen, wordt er voor iedereen in het bedrijf een flow en een gevoel van mogelijkheden gecreëerd, omdat elke persoon in het bedrijf iets anders toevoegt. Wat als je zou erkennen dat elke persoon in jouw bedrijf of onderneming een ander perspectief bood op basis van zijn of haar eigen bewustzijn? Wat als je bereid zou zijn om het bewustzijn van elke persoon in jouw bedrijf te ontvangen, te erkennen en er dankbaar voor te zijn, en ook voor de bijdrage die hij of zij levert? Je zou ook bereid kunnen zijn om iedere persoon in jouw leven en de bijdrage die zij aan jou zijn te ontvangen, te erkennen en er dankbaar voor te zijn. Het zou zomaar een paar dingen voor je kunnen veranderen.

De antwoorden hebben

In de afgelopen jaren heb ik veel mensen gesproken over de bedrijven of projecten waarbij ze betrokken zijn, en velen van hen hebben het standpunt dat als je in business bent, je alles tot in de kleinste details moet uitwerken, voordat er iets kan gebeuren, in plaats van het los te laten.

Dit gaat hand in hand met de manier waarop we zijn opgevoed. Van kleins af aan wordt ons geleerd dat we alle antwoorden moeten hebben. Vanaf de eerste dag dat we naar school gaan, leren we om met de 'juiste' antwoorden te komen, zodat we een goed rapportcijfer krijgen en overgaan. Maar succesvol zijn in het bedrijfsleven gaat niet over het hebben van de antwoorden, tot de 'juiste' conclusies komen, voorspellen wat er gaat gebeuren of proberen bepaalde dingen te laten gebeuren. Het gaat erom de vraag te zijn. Je kunt jouw bedrijf en jouw leven tot leven brengen als je vragen stelt, als je jouw weten vertrouwt en je jouw bewustzijn van wat er nog meer mogelijk is, ontwikkelt.

Niet *nadenken* — stel vragen

Train je in het stellen van vragen, in plaats van naar de antwoorden, conclusies en beslissingen te zoeken. Als je een vraag stelt, krijg je meteen een energetische respons. Als je bijvoorbeeld een vraag stelt als: "Waarheid, zal dit me geld opleveren?" zal de energie verschijnen en weet je of het een 'ja' of een 'nee' is. De energie gaat voor de woorden uit en jouw weten is onmiddellijk. Vaak zijn mensen niet bereid te erkennen wat ze weten, en gaan ze nadenken in plaats van vragen te stellen: "Waarheid, wat laat de energie me zien?" Ze trekken hun weten in twijfel. Dan wordt het verwarrend. Stel een vraag in plaats van erover na te denken. Wees bereid om je bewustzijn te volgen, wees bereid om te volgen wat je weet, en maak op basis daarvan een keuze. Onthoud: keuze creëert bewustzijn.

Als je bijvoorbeeld overweegt iemand in te huren, kun je vragen: "Waarheid, zal deze persoon me geld opleveren?" en je zult meteen een energetische respons waarnemen. De energie zal zwaarder of lichter aanvoelen. Als het zwaar aanvoelt, is het meestal een leugen. Als het licht aanvoelt, is het meestal waar. Gebruik dit instrument als je vragen stelt en keuzes maakt over jouw bedrijf. Als je de energie volgt, dan weet je wat te doen. Als je geen vragen stelt en niet openstaat voor je bewustzijn, kom je waarschijnlijk in je hoofd terecht en begin je na te denken. Je zou een uitkomst kunnen proberen te bewerkstelligen, voor er ook maar iets is gebeurd. Het is alsof je erachter probeert te komen hoe iets zal uitpakken, voordat je het de kans gegeven hebt jou te tonen wat de mogelijkheden zijn. Geloof me, het is veel makkelijker om de energie te volgen en vragen te stellen, dan om je hoofd te gebruiken en na te denken.

Jij, als oneindig wezen, weet alles. Er is niets dat je niet weet. Stap uit datgene wat ik het hoofd-trippen van zakendoen noem; stel in plaats daarvan vragen, volg de energie en functioneer vanuit jouw bewustzijn en jouw weten. Je zult veel meer lol hebben en je zou uiteindelijk wel eens plezier met zakendoen kunnen hebben!

Als het licht aanvoelt, is het waar.
Als het zwaar aanvoelt, is het een leugen.

Ik gebruikte de techniek zwaar / licht toen ik zaken begon te doen in de VS. Toen ik begon, wist ik niets over hoe men daar zaken doet, dus sprak ik met advocaten en accountants om de informatie te krijgen die ik nodig had. Ik had gedacht dat advocaten en accountants alles wisten, totdat ik me realiseerde: "Wow! Ik krijg niet alleen de informatie die ik nodig heb, ze geven me tegenstrijdige informatie." Eindelijk 'had ik door' dat wat maakt dat je je lichter voelt, waar is, en wat maakt dat je je zwaarder voelt een leugen is. Ik zei dan: "Oké, ik heb met al deze advocaten en accountants gesproken, en deze klinkt aannemelijk, en het voelt lichter. Als ik kies voor wat hij zegt, wat zou dat creëren? Zou dat de verandering creëren waarnaar ik verlang?" Op deze manier keuzes maken is totaal anders dan lineair denken en antwoorden zoeken. Het is zelfs gemakkelijker en leuker. Dat is het plezier van business! Je hoeft niet alles zelf te weten, je hoeft alleen maar bereid te zijn om vragen te stellen.

Jouw verstand weet alleen wat eerder is gedaan

Jouw verstand weet alleen maar wat al eerder is gedaan, en daarmee beperkt het jouw perceptie van wat mogelijk is. Als je om dingen vraagt die uitstijgen boven wat je ooit had bedacht, wie weet welke mogelijkheden zich dan zullen aandienen? Soms als je een vraag stelt, verschijnen dingen plotseling in het fysieke universum. Je vraagt, "Wat is er nodig, zodat mijn bedrijf zich verder uitbreidt?" En boem! Iets of iemand duikt op.

Misschien is het iemand die twee miljoen dollar wil investeren in jouw bedrijf. Misschien ontmoet je een beroemde producent die je wil helpen bij jouw zangcarrière. Misschien duikt er iets op dat in de verste verte niet lijkt op jouw business (onthoud: je moet bereid zijn om het te ontvangen).

Een vraag kan alles veranderen.

Gebruik vragen in alle aspecten van jouw leven - in je bedrijf, je relaties en jouw geld. Je moet de vragen stellen vanuit oneindige mogelijkheden en de bereidheid hebben om alles en iedereen te ontvangen, zonder tot een besluit te komen over wat het antwoord zou moeten zijn. Wat is er nodig zodat jij bewust kunt zijn en open kunt staan voor oneindige keuzes en oneindige mogelijkheden?

Belang hebben bij de uitkomst

Als je belang hebt bij de uitkomst, wil je graag een bepaald antwoord of een bepaalde uitkomst hebben. Je richt je daarop en je sluit jouw gewaarzijn voor al het andere af. Je wordt als een renpaard met oogkleppen. Je kunt niet langer de informatie en de cadeaus van het universum waarnemen en ontvangen. Je kunt niets zien dat niet volledig overeenkomt met de uitkomst waarop je bent gericht. Een prachtige mogelijkheid zou zich kunnen aandienen, en het gaat voorbij aan wat jij kunt waarnemen. Dit gebeurde met een vriend van mij, die een aantal zeer succesvolle bedrijven had. Hij gebruikte vragen, de magie verscheen en hij creëerde en genereerde meer dan hij voor mogelijk hield. Maar onlangs startte hij een ander bedrijf, één waarvan hij heel graag wilde dat het zou slagen, en hij had niet hetzelfde succes.

Waarom was dat? Hij had zo'n groot belang bij de uitkomst, dat hij niet langer kon zien wat er mogelijk was.

Vragen openen de deur naar mogelijkheden

Onlangs hadden we bij Good Vibes een interessant oordeel over onze flesjes water. We wilden van plastic PET-flessen overstappen naar volledig biologisch afbreekbare flessen, en we dachten dat onze groothandelaren deze verandering enthousiast zouden ondersteunen. De nieuwe flessen zijn duurder dan de traditionele flesjes, maar we besloten dat mensen bereid zouden zijn om net iets meer te betalen voor water in biologisch afbreekbare flessen, als een soort bijdrage aan de zorg voor de planeet (valt het op dat we geen vraag stelden? We gingen direct naar een antwoord en een oordeel). We hadden verwacht dat mensen stonden te springen toen we deze verandering aankondigden; we dachten dat er een drumband zou komen en er vuurwerk zou afgaan. Joehoe! Hoera!

Maar dat was niet hoe onze groothandelaren reageerden; we ontdekten dat ze meer interesse hadden in de prijs. We zagen eindelijk in dat we een conclusie hadden getrokken, en we waren bereid om het standpunt van de groothandelaren te ontvangen, meer vragen te stellen, en (tegelijkertijd) niet datgene op te geven waarvan we wisten dat het mogelijk was. (Concludeer nooit dat je hebt gefaald.) We lieten ons oordeel over de manier waarop het publiek ons product zou ontvangen los, en we stelden vragen: "Wat moeten we hier veranderen? Wat moeten we hier toevoegen? Met wie moeten we gaan praten? Welke informatie hebben zij nodig?" Deze vragen openden de deur naar een aantal nieuwe mogelijkheden voor ons. Sinds die tijd hebben we contact met bedrijven die dankbaar zijn voor de beschikbaarheid van water in biologisch afbreekbare flessen.

Een stelling met een vraagteken aan het eind

Soms nemen mensen een beslissing over wat er moet gebeuren in business - en dan proberen ze hun beslissing om te zetten in een vraag. Dat is een stelling met een vraagteken aan het eind. Daarmee kom je nergens. Je zult hetzelfde krijgen als wat je altijd kreeg. Dat komt zo: als je tot een conclusie komt of een beslissing neemt, stop je de energie - en alles in het universum is energie. Als je echter een oneindige vraag stelt, bekrachtigt het jou en nodigt het uit wat er ook maar mogelijk is.

Ik sprak kort geleden met een vrouw die er genoeg van had dat het niet vlotte met haar detailhandel. Ik vroeg haar: "Dus welke vraag zou je daarover kunnen stellen?" Ze antwoordde: "Wat is ervoor nodig dat er mensen binnenkomen die geld uitgeven?" Dat is een stelling met een vraagteken aan het eind. Zij had besloten dat het antwoord was dat er mensen in haar bedrijf zouden komen die geld zouden besteden - en toen probeerde ze deze stelling om te zetten in een vraag.

Ik opperde het volgende: "Een vraag die de mogelijkheden kan vergroten, zou zijn: 'Wie of wat kan ik toevoegen aan mijn bedrijf, zodat het geld zou genereren, vandaag en in de toekomst?' Dat is je openstellen voor mogelijkheden; niet alleen de mogelijkheden van vandaag, maar ook die van de toekomst. Wie weet wat er zou kunnen verschijnen? Misschien biedt iemand aan om jouw bedrijf over te nemen voor het dubbele van de waarde? Iemand zou kunnen aanbieden om van jouw bedrijf een franchise te maken en het wereldwijd neer te zetten!"

Er zijn oneindig veel mogelijkheden.
Alles is mogelijk.

Wat is het volgende dat ik zou moeten doen?

Als er ooit een moment in jouw bedrijf komt waarop je je af-vraagt: "Wat moet ik nu doen?" Stel vragen! Vragen zijn een must. Als je merkt dat jij of jouw bedrijf vast komt te zitten, stel dan vragen als:

+ Welke informatie mis ik?
+ Met wie moet ik praten?
+ Waar moeten we zijn?
+ Wenst het bedrijf te veranderen?
+ Wat kunnen we vandaag opstarten om meer te creëren voor nu en in de toekomst?
+ Welke magie kan er vandaag ontstaan voor mij en het bedrijf?
+ Hoe wordt het beter dan dit?
+ Wat zijn wij niet bereid te doen, te zijn, te hebben, te cre-eren en te genereren met en als de business, dat als we het wel zouden doen, het meer mogelijkheden zou uitnodigen dan we ooit voor mogelijk hadden gehouden? (Gebruik de clearing statement na deze vraag)

Als je bereid bent te luisteren, ontvang je de informatie die je nodig hebt.

Nog een uitstekend moment om deze vragen te stellen is als je merkt dat je dingen uitstelt. Wat als je alleen maar meer informatie nodig hebt? Elke keer als je voelt dat jij of jouw bedrijf vastzit, is alles wat je nodig hebt, meer of andere informatie. Stel meer vragen. Het universum wil graag je vriend zijn. Het wil je helpen. Het houdt ervan als je vragen stelt. Het zegt: "Ja! Je stelt me vragen en je bent bereid om te ontvangen." Er is een oude film, waarin één van de personages opmerkt dat het universum een banket is en dat er mensen zijn die sterven van de honger. Het banket staat recht voor je neus. Het enige wat jij hoeft te doen, is vragen te stellen en bereid zijn om meer te ontvangen.

Vragen bekrachtigen. Antwoorden ontkrachten.

Gebruik vragen om te erkennen wat je creëert en genereert

Elke keer als er iets in jouw bedrijf goed werkt of je het gevoel hebt dat iets een succes is, erken het dan. Hoe doe je dat? Er zijn twee manieren.

De eerste manier is door dankbaar te zijn! Wees dankbaar voor alles wat verschijnt, wees dankbaar voor elke euro die jij en jouw bedrijf verdienen, wees dankbaar voor alles dat is gelukt en een succes is.

De tweede manier is door vragen te stellen. Eindig niet door dingen te zeggen als: "Wow! Dat werkte goed." In plaats daarvan, vraag:

+ Hoe wordt het nog beter dan dit?
+ Wat is er nog meer mogelijk?

Vragen zoals deze zijn een uitnodiging voor meer succes. Uitspraken als: "Dat was geweldig!" zijn een doodsklap. Ze nodigen geen nieuwe mogelijkheden uit. Wat is het energetische verschil tussen: "Wow, dat was de beste seks die ik ooit heb gehad!" En "Wow, hoe wordt het nog beter dan dit?" Welke vraag nodigt uit tot meer mogelijkheden (en nog veel meer fantastische seks)? Welke uitspraak verhindert de energie om door te gaan? Met andere woorden, hoe krijg je meer van het goede? Stel vragen!

Stel niet alleen vragen als dingen niet verschijnen op de manier die je zou willen. Stel vragen, wat er ook gebeurt. Waarom is dat? Je vraagt het universum om iets bij te dragen dat nog veelomvattender is voor jou!

Eén van mijn vriendinnen ging naar Parijs om zaken te doen en ze besloot dat ze tijdens haar laatste nacht in de stad zou willen overnachten in een prachtig vijfsterrenhotel. (Het sleutelwoord hier is besloot. Ze nam een beslissing over wat er zou gaan gebeuren, en dat stopt de flow.) Ze ging naar het hotel en vroeg om een kamer, en de man aan de balie zei dat het hem speet, maar dat ze volgeboekt waren.

Ze had het hotel teleurgesteld kunnen verlaten, maar omdat ze ervoor koos om op dit punt een vraag te stellen, ging het verder. Ze stond aan de balie en vroeg: "Hoe wordt het beter dan dit?" De man achter de balie zei: "Het spijt me." Weer vroeg mijn vriendin: "Nou, hoe wordt het beter dan dit?" De man zei: "Eén moment, alstublieft. Ik ga met de manager overleggen." De manager kwam en vroeg haar wat ze zou willen, en ze zei dat dit haar laatste nacht in Parijs was en dat ze op zoek was naar een kamer. Hij zei: "Het spijt me, maar we zijn volgeboekt."

Opnieuw vroeg ze: "Hoe wordt het beter dan dit?"

Hij keek haar aan, keek toen naar de computer en zei: "Tja... de enige kamer die we vanavond beschikbaar hebben is de penthouse suite." Hij zweeg even, en toen zei hij: "Die kunnen we u geven voor de prijs van een standaard hotelkamer, alleen voor deze nacht."

Met een brede glimlach vroeg mijn vriendin: "Hoe wordt het nog beter dan dit?" Ze kreeg de kamer, en ook nog een fles champagne die ze naar haar kamer stuurden! (Hoe wordt het beter dan dit?)

Je kunt deze vraag in elke situatie gebruiken. In Nieuw-Zeeland leerde de sales manager van een bedrijf dat wasmachines verkocht deze tool en hij leerde het aan zijn personeel. Hij stelde voor dat ze zouden vragen: "Hoe wordt het beter dan dit?" elke keer als ze iets verkochten, en elke keer als ze niets verkochten. Het verkopend personeel deed dit, en binnen zes maanden had het bedrijf haar omzet verdubbeld. Iedereen was blij met het succes en de verkoop, wat nog meer plezier gaf binnen het bedrijf. Als je een omgeving creëert waarin mensen functioneren vanuit de vraag en ze zijn bereid om alles te ontvangen, gebeuren dingen snel en zullen mensen ervan genieten. Dat is het plezier van business.

Het maakt niet uit of je een dienst of een product verkoopt, stel een vraag na elke verkoop die je doet (en elke verkoop die je niet sluit) en kijk wat er gebeurt. Door het stellen van vragen kan er zoveel meer verschijnen. Je kunt de volgende vragen ook eens proberen:

+ Welke magie kan ik vandaag in mijn bedrijf creëren?
+ Wat is ervoor nodig om meer geld te laten verschijnen dan ik ooit voor mogelijk hield, vandaag en in de toekomst?

Als je bereid bent het te laten gebeuren, kunnen onverwachte dingen ogenschijnlijk toevallig opduiken.

Je moet elke mogelijkheid erkennen die overeenkomt met de doelstellingen die je hebt voor jouw bedrijf, de projecten, producten of wat het ook is. Niemand anders zal het voor je doen. Ga niet zitten wachten tot iemand je komt vertellen hoe geweldig je bent of dat je voortreffelijk werk hebt gedaan. Erken wat je hebt gecreëerd en gegenereerd. Als je bijvoorbeeld mensen faciliteert met Access Consciousness processen, is het een geschenk als iemand verandert en een andere mogelijkheid ziet. Je moet erkennen dat jij dat faciliteert. Elke keer als je 'succes' hebt, vraag: "Hoe wordt het beter dan dit?" of "Wat is er nog meer mogelijk?" Als je dat voor jezelf kunt doen, zal alles toenemen voor jou en iedereen om je heen. Het is eenvoudig en gemakkelijk.

Het universum is overvloedig. Het wil aan jou geven. Je kunt putten uit de overvloed van het universum zodra je een vraag stelt.

Realiteit en entrainment Geloof jij in onmogelijke dingen?

In Lewis Carolls boek "Through the Looking Glass" zegt Alice tegen de Witte Koningin: "Men kan niet in onmogelijke dingen geloven."

De Witte Koningin antwoordt: "Nou, soms heb ik voor het ontbijt al wel in zes onmogelijke dingen geloofd." Ik hou van het antwoord van de koningin. Het geeft uiting aan de vreugde, de mogelijkheden en het plezier dat je kunt zijn in jouw bedrijf en jouw leven. Maar de meesten van ons zijn geconditioneerd om net zo te denken als ieder ander. We hebben geleerd dat we moeten leven in een werkelijkheid die bestaat uit andermans ideeën en een beperkte kijk op wat er mogelijk is. Ons is verteld dat we "reëel moeten zijn." "Doe maar gewoon, dan doe je al gek genoeg." We zijn geconditioneerd om geen "onmogelijke" dingen te geloven.

Entrainment

Als je een heleboel klokken bij elkaar in een ruimte zet, en ze tikken op verschillende tijdstippen, zullen uiteindelijk alle klokken synchroniseren en gelijktijdig gaan tikken. Dit heet entrainment, en wij doen dit ook. We stemmen ons af op de werkelijkheid van iedereen in onze cultuur, ons beroep, of wat dan ook. We hebben de neiging te geloven wat andere mensen geloven, en de dingen te doen zoals anderen ze doen. Voor de meeste mensen is het comfortabel om te functioneren vanuit entrainment, als een bron voor verbinding en realiteit in business. Dat is waarom ze dat doen.

Vanaf het moment dat je 's ochtends wakker wordt, ben je er dan op "ingesteld" wat te eten, wat te zijn, wat te dragen, op bepaalde uren zaken te doen, hoeveel geld je verdient of niet verdient? Creëer je jouw financiën zodanig dat het overeenkomt met wat iedereen doet, zodat je net als zij kunt zijn? Zo ja, dan opereer je waarschijnlijk in wat we de contextuele werkelijkheid noemen.

Contextuele werkelijkheid

De contextuele werkelijkheid is zoals we zijn getraind en geconditioneerd. Het is gebaseerd op tijd, dimensies, realiteit en materie. Dit zijn de dingen die we waar en werkelijk maken in contextuele werkelijkheid. Maar bestaat tijd eigenlijk wel, of is het een creatie? Het is iets dat we hebben gecreëerd. Het is hetzelfde met dimensies, realiteit en materie. Het zijn allemaal creaties, gebaseerd op de manier waarop we hebben geleerd om waar te nemen. Ze zijn niet gebaseerd op de magie van wat er zou kunnen zijn. Ze zijn niet gebaseerd op wat er werkelijk mogelijk is.

Als je bezig bent in de contextuele werkelijkheid, dan zoek je naar hoe je erin kunt passen of je je eraan kunt aanpassen, waar je kunt profiteren, waar je wint en waar je verliest. De contextuele werkelijkheid vertelt je waar jij past in business of waar jouw niche is, en je kunt geen andere kant op. Het vertelt je hoe je moet berekenen op welke manier jouw business je ten goede kan komen en hoe je jouw succes moet ijken gebaseerd op wat er op jouw bankrekening staat.

Niet-contextuele werkelijkheid

Hoe zou het zijn als je van spoor zou wisselen, universa zou veranderen en zou functioneren vanuit een heel andere werkelijkheid dan degene waarin je bent geconditioneerd? Dit kun je echt. Jij kunt opereren in niet-contextuele werkelijkheid. In plaats van te kijken naar wat er mogelijk is in termen van tijd, dimensies, realiteit en materie, wat als je energie, ruimte en bewustzijn zou waarnemen? Hoe zou het zijn om te weten dat alles bewustzijn heeft, met inbegrip van de stoel waarop je zit? Alles heeft bewustzijn. Alles heeft energie. En dan is er nog ruimte. Aaah ... ruimte. Ruimte is eigenlijk gevuld met mogelijkheden en vraag.

Als je in niet-contextuele werkelijkheid functioneert, heb je toegang tot een genererend vermogen dat voorbijgaat aan tijd, dimensies, materie en realiteit. De niet-contextuele werkelijkheid gaat voorbij aan alles wat je je kunt voorstellen. Het gaat boven ons logische verstand uit, ver voorbij onze referentiepunten, en voorbij aan wat ooit is gedaan. Het gaat voorbij aan alles wat jij of ik ooit voor mogelijk hebben gehouden. Het heeft geen vorm, geen structuur, geen betekenis, geen verhaal. Wanneer je opereert vanuit de niet-contextuele werkelijkheid, stel je vragen en volg je de energie. Je functioneert vanuit jouw weten.

Gevoelens zijn vaak gebaseerd op contextuele realiteit

In plaats van te opereren vanuit bewustzijn, vertrouwen sommige mensen op de intense emoties die hen in staat stellen het juiste zakelijke antwoord te "voelen", om bijvoorbeeld een bepaalde investering te doen of een stuk grond te kopen. Zij laten zich leiden door opwinding of een ander sterk gevoel, dat hen zegt dat dit het juiste is om te doen. Kortom, ze creëren een oordeel om een beslissing te kunnen nemen. Deze gevoelens zijn vaak gebaseerd op de contextuele werkelijkheid. Met andere woorden, ze zijn geworteld in het idee van het winnen, verliezen, je aanpassen of profiteren. Wat ik hier suggereer, is dat het mogelijk is om op een andere manier te werk te gaan. Het is mogelijk om te werken vanuit de waarneming van energie, ruimte en bewustzijn. Het is mogelijk om te werken vanuit jouw weten, in plaats van vanuit je verstand of je gevoelens.

Ik nodig je uit om je *niet* in die comfortzone en conditionering te begeven. In plaats daarvan nodig ik je uit naar een plek te gaan waar je functioneert vanuit jouw eigen bewustzijn van wat er mogelijk is. Wat zou er gebeuren als je bereid zou zijn om jezelf volledig te vertrouwen, en om te functioneren vanuit jouw bewustzijn en jouw weten? Stel je voor hoe jouw bedrijf zou zijn als je jezelf simpelweg zou vertrouwen. Zou er meer of minder geld zijn? Zou er meer plezier zijn of minder? Zou het leuker zijn of minder leuk?

Bewustzijn is trouwens niet erg comfortabel.
Dat kan de reden zijn waarom zovelen het vermijden.

Hoe zou het zijn als je jouw bedrijf zou creëren zoals jij weet dat het kan? Als je niet zou functioneren vanuit conditionering als bron voor jouw bedrijfsmodel, dan zou jouw bedrijf een creatie zijn die een weerspiegeling is van jou. Je zou geen concurrentie hebben, ongeacht of je een kledingwinkel zou hebben, een flessenwaterleverancier of een onroerend-goedbedrijf. Als je jezelf zou vertrouwen, zou het bedrijf dat je zou creëren volledig anders zijn dan dat van ieder ander. Je zou niet naar andere bedrijven kijken om te zien hoe je jouw bedrijf moet voeren.

Wat als tijd, dimensies, realiteit en materie elementen zijn die je kunt manipuleren en gebruiken, in plaats van de zogenaamde bouwstenen van deze realiteit? Gebruik ze als je met mensen werkt die functioneren in de contextuele werkelijkheid, maar laat je er niet door beperken. Verander universa! Functioneer in een totaal andere realiteit. Ik weet dat je weet waarover ik het heb!

Zes onmogelijke dingen

Aan het begin van dit hoofdstuk heb ik de uitspraak van de Witte Koningin geciteerd: "Nou, soms heb ik vóór het ontbijt wel in zes onmogelijke dingen geloofd." Voor de onderstaande oefening heb ik met haar uitspraak gespeeld en heb ik het geloven van zes onmogelijke dingen veranderd in het creëren van zes onmogelijke dingen.

Creëer je ooit onmogelijke dingen? Waarom niet? Ik nodig je uit om stappen te zetten buiten datgene wat je bent geconditioneerd om te zijn, te doen, te hebben en te geloven, en jezelf af te vragen: Wat zijn zes onmogelijke dingen waarvan ik heb besloten dat ik ze vandaag niet kan creëren met mijn bedrijf?

Schrijf hier je antwoorden op.

1. _____
2. _____
3. _____
4. _____
5. _____
6. _____

Kijk nu naar ieder antwoord dat je hebt gegeven en vraag:

♦ *Is het echt waar dat dit onmogelijk is?*

♦ *Wat zou ik moeten veranderen, kiezen en instellen om dit te laten verschijnen?*

♦ *Wat zou ik moeten toevoegen aan mijn bedrijf, mijn leven, mijn bestaan en mijn realiteit om dit te laten verschijnen?*

Noteer nog zes onmogelijke dingen.

1. _____
2. _____
3. _____
4. _____
5. _____
6. _____

Wat heb je besloten dat onmogelijk is voor jouw business, jouw geld, jouw leven, jouw realiteit, jouw financiën, jouw valuta en geldstromen? Alles wat dat is, waarheid, vernietig en ontcreëer je dat nu, maal een godziljoen? Right and wrong, good and bad, POD and POC, all 9, shorts, boys and beyonds.

Welke magie zou vandaag kunnen verschijnen
voor jou en jouw bedrijf?
Zou jouw business makkelijker zijn
als je het zou kunnen toelaten om magisch te zijn?

Het Koninkrijk van Wij

In de contextuele realiteit gaat zakendoen meestal over concurreren en winnen. Concurreren wordt gezien als een essentieel onderdeel van het conventionele zakendoen. Bedrijven concurreren met elkaar voor dezelfde groep klanten en intern wordt hevige concurrentie tussen medewerkers of afdelingen aangemoedigd. Mensen denken dat als ze succesvol in zaken willen zijn, het nodig is om het hart van hun concurrenten eruit te rukken, en alles te doen wat mogelijk is om "te winnen". Zij geloven dat dit de manier is om succesvol te zijn.

Ik wil graag een andere aanpak voorstellen, genaamd het Koninkrijk van Wij. In het Koninkrijk van Wij zijn we allemaal op dezelfde planeet. We trekken de kar naar dezelfde bestemming. Het gaat niet om jou als individu. De echte kracht van het Koninkrijk van Wij is in staat te zijn te kiezen wat voor jou én alle anderen werkt. Het gaat over ons, de wezens die wij zijn en wat we wensen te creëren.

Het is een veel groter plaatje. Het is niet zo dat we een team zijn dat moet spelen volgens dezelfde vooraf ingestelde regels of volgens wat iemand zegt dat we moeten doen, maar dat we allemaal in staat zijn iets bij te dragen dat groter zou kunnen zijn.

Wat als je in business functioneerde vanuit die bijdrage? Wat als ieder bedrijf op deze planeet zou bijdragen aan ieder ander bedrijf? Wat als je zou vragen wat je zou kunnen bijdragen aan anderen in jouw bedrijf en wat het bedrijf zou kunnen bijdragen aan jou? Wat als je bereid bent om bij te dragen aan de bedrijven van andere mensen? Dit betekent niet dat je je winkel moet weggeven; het betekent niet dat je jouw ideeën of ontwerpen moet weggeven. Het betekent dat als je bereid bent om bij te dragen aan alles en iedereen, alles zal bijdragen aan jouw uitbreiding. Als je voor alle bedrijven een bijdrage bent, met inbegrip van de bedrijven die van andere mensen zijn, draagt het universum bij aan jou. Wanneer bijdrage en vrijgevigheid van geest de manier vormen waarop jij jouw business voert, vertrekt de concurrentie via de achterdeur. Het gaat erom te werken buiten de contextuele werkelijkheid.

Zet het universum aan het werk

Bij één van mijn Plezier met Business-cursussen zei iemand tegen me: "Ik heb altijd hard gewerkt en ik heb heel veel banen gehad. Ik ben barman geweest en een fabrieksarbeider. Ik heb onlangs besloten om mijn eigen bedrijf te starten, maar het maakt niet uit wat ik doe, ik lijk niet vooruit te komen. Ik blijf zoeken naar iemand die me vertelt wat ik moet doen, omdat ik daar zo aan gewend ben." Ik vroeg hem: "Hoe zou het zijn als je het universum in dienst zou nemen en het zou vragen om aan jou bij te dragen? Probeer deze vraag eens: "Welke energie, ruimte en bewustzijn kunnen mijn bedrijf en ik zijn, die ons in staat zouden stellen om het universum voor ons te laten werken voor alle eeuwigheid?"

Het universum is hier om je bij te staan.
Als jij vraagt. . . zal het leveren.

Hier zijn enkele vragen die je zullen helpen om jouw vermogen en je bereidheid te ontwikkelen om bij te dragen aan (en de bijdrage te ontvangen van) alles in het universum:

+ Wat kan ik bijdragen aan mijn zakelijke partners en werknemers?
+ Welke bijdrage kan ik van hen ontvangen?
+ Wat kan ik bijdragen aan het bedrijf?
+ Welke bijdrage kan het bedrijf van mij ontvangen?
+ Wat kan het bedrijf aan mij bijdragen?
+ Welke bijdrage kan ik ontvangen van het bedrijf?
+ Wat kan mijn lichaam bijdragen aan mijn bedrijf?
+ Welke bijdrage kan mijn lichaam ontvangen van mijn bedrijf?
+ Wie en wat kan bijdragen aan mijn bedrijf?
+ Welke bijdrage kan mijn bedrijf ontvangen van anderen?

Ik nodig je uit om deze vragen elke dag te stellen, en de gewaarwordingen op te merken die je krijgt. Vragen stellen betekent niet dat je met een antwoord moet komen; het gaat om de bereidheid om de energie te veranderen en toe te laten dat er meer mogelijkheden verschijnen.

Jij draagt bij aan alles, inclusief geld

Soms nodig ik mensen uit om te vragen:

+ Wat kan geld bijdragen aan mij?
+ Wat kan ik bijdragen aan geld?

Ze reageren door te vragen: "Wat? Hoe zou ik een bijdrage kunnen leveren aan geld?"

Ik zeg dan: "Je draagt bij aan je huis, je meubels en je auto door voor ze te zorgen, nietwaar? Op dezelfde manier draag je bij aan geld. Je zorgt ervoor. Je voedt het, zodat het kan groeien. Je bent er dankbaar voor. Je bent er enthousiast en blij over. Je zegt: "Jippie! Geld!" Je draagt ook bij aan geld door het te sparen en het goed te investeren, wat bijdraagt aan het uitbreiden en groeien van jouw geld."

Gemak, vreugde en glorie

Eén van de beste tools die ik van Access Consciousness heb gekregen is de mantra van Access: Alles van het leven komt naar me toe met gemak, vreugde en glorie. Het gaat erover dat het hele leven naar je toekomt met gemak, vreugde en glorie, niet alleen dat wat je hebt beoordeeld als de goede dingen. Het gaat ook over de dingen die je hebt beoordeeld als slecht. Ken je die dagen dat je wakker wordt en het leven niet zo fijn voelt? Of dat je naar je werk gaat en gefrustreerd raakt als de dingen niet lopen zoals jij denkt dat het zou moeten? Of je hebt zoveel te doen, dat je geen idee hebt hoe je het allemaal gedaan gaat krijgen?

Ongeacht hoe jouw dag eruitziet, ongeacht wat er gebeurt, gebruik de mantra: "Alles van het leven komt naar me toe met gemak, vreugde en glorie." Zeg het keer op keer. De dingen zullen voor je beginnen te veranderen. Je vraagt het universum om je te ondersteunen om alles van het leven dat naar je toekomt te ontvangen met gemak, vreugde en glorie.

Alles van het leven komt naar me toe
met gemak, vreugde en glorie.™

Mensen en humanoïden Voorbijgaan aan jezelf veroordelen

Voordat ik Gary Douglas ontmoette en ik met Access Consciousness cursussen begon, voelde ik me vaak alsof ik een vreemd schepsel was dat nergens op deze planeet thuishoorde. En toen, op een dag in een cursus, sprak Gary over twee verschillende soorten wezens die de planeet Aarde bewonen - mensen en humanoïden. Hij vroeg: "Ging het maken van je huiswerk je veel beter af als kind, wanneer de radio en de tv aanstonden en er mensen om je heen aan het praten waren? Als dat zo was, kreeg je dan alles met gemak gedaan?" Dat sloeg op mij!

Hij ging verder: "Humanoïden is vaak verteld dat ze verkeerd zijn, vanwege de manier waarop ze dingen doen. Ze hebben te horen gekregen dat ze zich op één ding tegelijk moeten concentreren." Dat had ik ook! Terwijl Gary bleef praten over mensen en humanoïden besefte ik dat ik niet verkeerd of raar was. Ik was gewoon een humanoïde.

Humanoïden werken het beste als ze tenminste vier of vijf verschillende projecten of meer bedrijven tegelijkertijd hebben lopen. Als humanoïden slechts één ding hebben lopen, zullen ze iets doen dat lijkt op uitstel. Het is eigenlijk geen uitstel; ze moeten gewoon veel verschillende dingen om handen hebben

om sneller te gaan werken. Als jij op de computer werkt, heb
je dan tien verschillende documenten tegelijkertijd openstaan?
Zo ja, dan ben je waarschijnlijk een humanoïde. Je krijgt dingen
sneller gedaan dan mensen. Mensen neigen ernaar langzaam te
werken. Ze doen graag één ding tegelijk, totdat dat volledig is
afgerond, en dan gaan ze naar het volgende.

Heb je plezier in wat je doet?

Humanoïden beleven meestal veel plezier aan hun werk. Vaak
maakt het hen niet uit wat ze doen. Ze worden enthousiast
over wat ze kunnen genereren. Hun houding is: "Wat is het
volgende dat we kunnen doen?" Mensen schamen zich vaak
om te zeggen dat ze van werken houden. Heb je niet erkend
dat je eigenlijk van werken houdt, en dat je één van die rare
vogels bent die geniet van zakendoen? Of dat je vanuit plezier
functioneert in business? Of dat je het plezier met business
bent? Mensen neigen naar de tegenovergestelde benadering.
Ze zeggen dingen als: "Ugh! Het is woensdag, pas halverwege
de week!" Of: "Het is maandag- ik heb nog vijf dagen te gaan."
Oordeel je over jezelf?

Een ander groot verschil tussen mensen en humanoïden
heeft te maken met oordeel. Humanoïden hebben de neiging
over zichzelf te oordelen. Ze gaan in op de onjuistheid van
wat ze hebben gedaan, of ze concentreren zich op wat ze
beter hadden kunnen doen, zelfs als ze grootse dingen hebben
bereikt. Komt dit je bekend voor? Heb je altijd de indruk
dat er iets mis is met het werk dat je hebt gedaan, of dat je
iets beter, sneller, netter of goedkoper had kunnen doen? En
raad eens? Er is niets mis met wat je dan ook hebt gedaan! Je

bent waarschijnlijk een humanoïde, en humanoïden oordelen meedogenloos over zichzelf.

Daarentegen beoordelen de meeste mensen anderen onophoudelijk. In plaats van te erkennen dat elke persoon verschillende capaciteiten heeft en een ander perspectief heeft op een project, baan of bedrijf, hebben mensen de neiging om te klagen, over anderen te oordelen en te praten over wat die ander wel of niet gedaan heeft. Hun gesprekken zijn doorspekt met opmerkingen als: "Hij had het op deze manier moeten doen" of "Ze had sneller klaar kunnen zijn." In hun ogen is andermans werk nooit goed.

Mensen, humanoïden en geld

Een ander onderscheid tussen mensen en humanoïden heeft te maken met hun manier van omgaan met geld. De meeste mensen zijn blij om loon of salaris te krijgen, zodat ze weten hoeveel geld ze elke week zullen hebben. Ze hebben de neiging om te geloven dat ze hard moeten werken voor hun geld, en vaak lijkt hun werk zwaar en vreugdeloos voor hen.

Humanoïden zijn over het algemeen minder bezorgd over geld en zullen niet zo snel een baan aannemen om een vast salaris te hebben. Zij laten hun bedrijf of hun leven niet door geld bepalen. Dat is niet wat hen motiveert om iets te creëren of te genereren. Het gaat hen meer om het creatieve aspect van business. Als je dit ook maar enigszins herkent, dan moet je geld misschien eens beginnen te vragen om in jouw leven te verschijnen. Wat als de creativiteit die jij bent, zou kunnen worden omgezet in dollars en euro's op jouw bankrekening?

Verander je vaak van baan of beroep?

De meeste mensen vinden het prima om hun leven zo te houden als het is. Ze lijken niet geïnteresseerd om iets te veranderen, terwijl humanoïden altijd op zoek zijn naar iets anders. Zij willen altijd veranderen. Een humanoïde is iemand die in een paar jaar tijd wel 20 verschillende banen heeft gehad. Mensen zeggen tegen hen: "Je bent instabiel."

De humanoïden zeggen: "Wat bedoel je?" Ze willen gewoonweg een heleboel verschillende dingen uitproberen. Add Beschrijft dit jou. Je doet alleen het soort werk dat je wilt doen, hebt het snel onder de knie, dan verveel je je en ga je iets anders doen? Ga je liever dood dan voor de rest van je leven aan één ding vast te moeten zitten? Probeer niet om aan één ding vast te blijven zitten. Het is het compleet tegenovergestelde van wat jij als wezen bent.

Voordat ik van mensen en humanoïden wist, voelde ik me altijd slecht over mijn voortdurend veranderen en het zoeken naar iets anders. Bovendien stond ik er altijd versteld van dat sommige mensen niet wilden veranderen en niet om meer vroegen. De beschrijving van mensen en humanoïden hielp me om dit te begrijpen. Ik hield ermee op om me verkeerd te voelen over hoe ik ben. En de mensen in mijn omgeving, die niet meer leken te willen, begreep ik beter.

Wat doen of zijn anderen graag in business?

Bij het maken van een onderscheid tussen mens en humanoïde gaat het er niet om om hen te veroordelen. Het gaat erom je ervan bewust te zijn dat er twee verschillende soorten menselijke wezens op de planeet zijn. Het gaat erom meer gemak en duidelijkheid te creëren voor jou in jouw bedrijf en jouw leven.

Het begrijpen van het verschil tussen mensen en humanoïden heeft mij het besef gegeven wat elke persoon graag doet en is in business. Het heeft ook mij duidelijkheid, gemak en bewustzijn gegeven hoe om te gaan met anderen. Ik hoop dat deze informatie hetzelfde zal doen voor jou, en je aanmoedigt het oordelen over jezelf op te geven.

Wat als jij nooit verkeerd bent geweest?

Wat als je stopt met over jezelf te oordelen?

Hoe zouden jouw leven

en jouw business er dan uitzien?

Zou je meer of minder geld creëren?

Met gemak een miljoen dingen voor elkaar krijgen

De energie volgen

Onlangs sprak ik met een vrouw die uiteenlopende interesses en bedrijven had, en ze vroeg zich af hoe ze alles waarmee ze bezig was in goede banen kon leiden. Mensen hebben er vaak moeite mee om de verschillende delen van hun bedrijf of hun leven te coördineren, en ze maken zich zorgen dat ze niet alles kunnen bijhouden. Gaat dit over jou? In tegenstelling tot wat je zou denken, is super georganiseerd worden niet de oplossing. Dit is waar je de energie moet volgen en moet functioneren vanuit de oneindige ruimte van jou.

Probeer deze oefening eens:

+ *Doe je ogen even dicht, laat jouw energie uitbreiden en voel de buitenste grenzen van jou. Breid je energie uit voorbij de buitenkant van je lichaam en ga door. Blijf jouw energie verder uitbreiden. Kun je de buitenste grenzen van jou al voelen? Of kun je blijven doorgaan? Als je op deze manier uitbreidt, kun je gewaarzijn hebben over de hele planeet. Als je jou samentrekt, ben je je meestal alleen nog maar gewaar van twee, drie of vier mensen. Als je merkt dat je niet het bewustzijn hebt van de hele planeet, oefen je dan in het uitbreiden van jouw gewaarzijn. Het is net als een spier die je kunt trainen. Blijf ermee oefenen.*

Als je oefent met het uitbreiden van jou in het universum, zul je merken dat je gemakkelijker vanuit jouw oneindige ruimte kunt functioneren. Zo kun je een veel groter bewustzijn van de wereld hebben. Je kunt de energie van wat er plaatsvindt waarnemen, als je je aandacht erop richt. En als je je in een bepaalde richting getrokken voelt, focus daar dan op en je weet wat er moet worden gedaan.

Als je 30 verschillende projecten tegelijk hebt lopen, betekent dat niet noodzakelijkerwijs dat je iedere dag aan elk van die projecten moet werken. Wat het betekent is dat ze allemaal in jouw bewustzijn zijn. Je sluit ze niet buiten je bewustzijn. Het gaat om de bereidheid om bewust te zijn, om te weten wanneer je aan iets moet werken of wanneer je iemand moet uitnodigen om je bij te staan. Het gaat terug naar het voorstel om vragen te stellen en toe te laten dat het universum je bijstaat. (Onthoud dat je het universum voor eeuwig hebt ingehuurd.)

De energie volgen

Het volgen van de energie betekent de energie te ontvangen waarvan jij weet dat jouw bedrijf en jouw leven dat kunnen zijn, en alles te volgen dat verschijnt en dat overeenkomt met die energie. Als je de energie volgt van wat jij weet dat je kunt zijn, functioneer je niet vanuit conditionering als bron van verbinding.

Je functioneert vanuit jouw oneindig waarnemen, weten, zijn en ontvangen. De mogelijkheden gaan voorbij aan wat je logische verstand weet. Ze gaan voorbij aan tijd, dimensies, realiteit en materie. Jij stelt een vraag en je hebt geen idee hoe het antwoord eruit zal zien, of wat je zal worden gevraagd om te doen of te zijn - jij bent bereid om het te zijn en om actie te ondernemen. Als je de energie volgt, weet je nooit wat er gaat komen. Zoals mijn vriend Dr. Dain Heer zegt: "Het ziet er nooit uit zoals je denkt dat het eruit gaat zien." Je kunt dus op geen enkel moment tot een conclusie komen.

De energie volgen in jouw business

Toen ik een kantoor had, ging ik er elke dag heen om te werken, maar er waren ook dagen dat het bedrijf en ik niet wilden werken. Ik leerde al snel om van kantoor weg te blijven op die dagen. Ik ging dan naar de film, uit lunchen, zwemmen, of deed iets wat voor mij was. Ik deed iets wat ik wilde doen, omdat ik wist dat het niet productief zou zijn om op kantoor te blijven. Op andere dagen werkte ik tot ver na middernacht en kreeg ik een week aan werk gedaan in vier of vijf uur. Neem geen standpunten van anderen over als het gaat om wat jouw bedrijf nodig heeft. Je kunt het je niet veroorloven om dat te doen. Jij weet wat er nodig is.

Als ik werk, wil ik gewoon graag dingen tot stand brengen. Ik hou geen rekening met de tijden waarop ik werk. Soms levert dat interessante scenario's op. Op een gegeven moment werkten we bij Good Vibes met een logistiek team, en toen ze de onregelmatige uren zagen waarop we werkten, vertelden ze ons dat we het eruit moesten laten zien alsof we zaken deden van negen tot vijf. We keken elkaar aan en zeiden: "Wat?" want wij belden mensen op zaterdagavond om negen uur. We stuurden e-mails uit op zondagmiddag. Ze zeiden: "Bewaar alle e-mails en verzend ze op maandagochtend." We zeiden: "Wat?" Iemand in Amerika zei ooit tegen mijn zakenpartner: "Simone belde me gisteren, op zondag. Ik denk niet dat ze zich realiseerde dat het hier zondag was." Mijn zakenpartner glimlachte en zei: "Simone zal zich niet hebben gerealiseerd dat het zondag was, want voor haar is elke dag een werkdag, en elke dag is vakantie. De energie volgen en de dingen doen op haar eigen tijd en op haar eigen manier maakt deel uit van het plezier met business."

Hoe zou het zijn als je jouw business en jouw leven elke dag opnieuw zou creëren?

Jaren geleden, toen ik de wereld rondreisde, ontmoette ik elke dag nieuwe mensen, omdat ik van plaats naar plaats reisde. Doordat ik dat deed, realiseerde ik me dat ik mijn leven elke dag opnieuw kon creëren. Er waren geen verwachtingen waaraan ik moest voldoen, en geen verplichtingen die ik moest vervullen. Ik kon zijn wie ik ook maar wilde zijn. Ik kon doen wat ik ook maar wilde doen. Niets was belangrijk. Ik kon mezelf elke dag anders creëren. Elke dag was een avontuur. Als ik 's morgens wakker werd, wist ik nooit waar ik aan het eind van de dag zou zijn. Ik wist nooit waar ik zou eten, waar ik die nacht zou slapen, wie ik die dag zou ontmoeten of hoe alles eruit zou zien.

Waarom zouden we er niet voor kiezen om dat gevoel van avontuur elke dag in ons bedrijf en ons leven te creëren? Hoe zou het zijn als je elke dag wakker zou worden en zou vragen: "Hoe zou ik willen dat mijn bedrijf er vandaag uitziet?" Wat als je jouw bedrijf en je leven elke dag opnieuw zou creëren? Wat als je de energie zou volgen en zou functioneren vanuit de oneindige ruimte van jou?

Wat is oneindige ruimte?
Het is de ruimte die je creëert in jouw werkelijkheid
als er geen conclusies zijn, geen beperkingen, geen
verwachtingen, alleen vragen, eisen en keuzes.

Jij bent niet jouw business

Op een dag liep ik in Sydney op straat en iemand zei: "O, daar is de Good Vibes dame!" Ik vond dit in eerste instantie grappig. Maar toen ik er langer over nadacht, realiseerde ik me dat ik me zozeer had vereenzelvigd met mijn bedrijf, dat ik niet wist wie ik was als Good Vibes niet in beeld was. Ik dacht dat ik mijn bedrijf was. Ik weet nu dat dat niet waar is. Mijn bedrijf is een aparte entiteit, die op zichzelf staat. Het is iets dat ik faciliteer. Ik draag er elke dag aan bij en laat het aan mij een bijdrage leveren, maar dat betekent niet dat ik mijn bedrijf ben. Als ik mezelf had toegestaan de identiteit van de "Good Vibes dame" te behouden, zou ik nooit in staat zijn geweest de mogelijkheid te ontvangen om met Access Consciousness te werken. Ik zou alle andere mogelijkheden hebben buitengesloten om deze identiteit in stand te houden.

Als je vereenzelvigd raakt met jouw bedrijf en je denkt dat het is wie jij bent, probeer je de dingen te sturen op de manier waarop *jij* denkt dat ze moeten gaan en onbedoeld beperk je dan wat er mogelijk is. Jezelf als het bedrijf zien, betekent ook dat als het bedrijf faalt, jij moet falen, of dat je het moet dwingen om overeind te blijven, in plaats van het bewustzijn te hebben om te zeggen: "Oké, dat was leuk. Nu is het tijd om verder te gaan!" Dat is alsof je een relatie forceert te bestaan. We hebben allemaal geprobeerd om dat te doen en geleerd dat

dat niet werkt. Als het tijd is om los te laten, is het tijd om los te laten.

Alles heeft bewustzijn, ook jouw bedrijf. Een bedrijf heeft een manier waarop het zich wenst te ontwikkelen, en als je dat ontvangt en het kunt toelaten, kan het veel succesvoller zijn. Ik vraag mijn bedrijf altijd wat het zou willen doen, waar het zou willen zijn, wie het zou willen ontmoeten en wie het erbij wil betrekken. Je hebt misschien geen cognitief antwoord op deze vragen; dat is oké. Het gaat erom de vragen te stellen en bereid te zijn de energie te laten verschijnen om je te leiden naar de volgende stap. Het enige wat je hoeft te doen, is bereid te zijn te ontvangen en te kiezen.

Stel je bedrijf vragen en het zal je informatie geven. Als je erom vraagt, zal jouw bedrijf daadwerkelijk de energie creëren en genereren die de klanten of zakelijke deals aantrekt, of wat er dan ook nodig is.

Er zijn veel verschillende vragen die je jouw business, project of bedrijf kunt stellen:

+ Wat kan ik vandaag aan jou bijdragen?
+ Wat is het volgende dat je zou willen creëren?
+ Wat zou je willen doen?
+ Waar wil je vandaag zijn?
+ Met wie zou je willen spreken?
+ Wie zou je bij jou willen betrekken?

Het besef dat je business een aparte entiteit is, maakt jouw leven in zaken veel gemakkelijker - en het stelt je in staat om veel meer plezier te hebben. Het is heel hard werken om een bedrijf te zijn. Je moet veel harder werken wanneer je probeert *jezelf* tot *de onderneming* te maken!

Een tijdje terug merkte ik dat ik veel expansiever was in het werk dat ik doe als wereldwijd coördinator voor Access Consciousness dan dat ik ben in het werk dat ik doe met Good Vibes for You. Toen ik op een dag met Gary sprak, vroeg ik: "Waarom is het dat als ik aan Access werk, ik in staat ben om zoveel ruimte en bewustzijn te hebben? Ik kan de hele wereld en daar voorbij zien, en ik weet wat te doen en met wie contact op te nemen. Dat lijk ik niet zo gemakkelijk te doen met Good Vibes."

Gary zei: "Dat is omdat je Good Vibes bezit."

Ik besefte dat hij gelijk had, dus ik paste het ontwerp van mijn Good Vibes for You visitekaartjes aan. Er staat nu op "Simone Milasas, wereldwijde coördinator" in plaats van "Simone Milasas, eigenaar." Dit helpt me eraan herinneren dat ik Good Vibes niet ben. Ik bezit Good Vibes niet. Ik coördineer de wereldwijde business van Good Vibes for You. Dit te doen heeft me geholpen om te werken vanuit een meer ruimere plaats.

Ik had het hierover met een getalenteerde vrouw die muzikant en actrice is. Ze zei: "Dit fascineert me. Ik hou van acteren en van muziek maken, maar ik verwierp deze dingen omdat ik niet wilde dat ze me zouden definiëren. Ik dacht: 'Als ik dit ene ding doe, kan ik niet iets anders doen, want dat ben ik dan. Dat is wie ik ben.' Ik wil mezelf niet op die manier beperken. Ik realiseer me nu dat ik al die dingen kan doen als ik me er niet mee identificeer."

Wat je bedrijf ook is, het is niet jij. Als je jezelf definieert als jouw bedrijf, beperk je hoeveel je kunt zijn, doen, hebben, creëren en genereren. Je snijdt jouw bewustzijn en jouw vermogen af om oneindige mogelijkheden te ontvangen. Als je jouw business echter als een aparte entiteit ziet en jezelf als facilitator ervan, heb je veel meer vrijheid en ruimte. Je bent niet afhankelijk van het succes van deze specifieke entiteit, wat je toelaat veel meer informatie te ontvangen over wat er mogelijk is.

Geef jouw Business een taak?

Zodra je je realiseert dat jouw business een aparte entiteit is, kun je hem een taak geven. Laat het weten dat het zijn taak is om geld voor je te verdienen. Vraag het om cashflow te genereren. Het zal zeggen: "Oh! Ik kan geld voor je creëren? Oké!" Als ik praat over Good Vibes, het Plezier met Business, of Access Consciousness, verwijs ik vaak naar hen als "één van de bedrijven die me geld opleveren". Dit herinnert hen eraan dat het hun taak is om geld te verdienen.

Zet je conclusies om in vragen

Sta even stil en kijk eens naar alle plekken waar je conclusies hebt over jouw bedrijf. Elke keer als je zegt: "Dit werkt niet" of "Dit wordt niets" of een andere conclusie, draai je jouw bewustzijn de nek om. Vraag in plaats daarvan aan jouw bedrijf: "Welke vraag zou ik kunnen stellen?" Stel dat je een boerderij hebt, en je hebt besloten dat die niet succesvol is. Probeer de boerderij eens deze vragen te stellen:

+ Wat heb je nodig?
+ Is er iets dat moet veranderen?
+ Kunnen we het veranderen?
+ Hoe veranderen we het?

Misschien probeer jij maïs te verbouwen en wil de boerderij appels laten groeien. Waarvan is het land zich bewust? Komt er een droogte aan? Zou je iets anders moeten verbouwen? Alles heeft bewustzijn, dus kun je alles om informatie vragen. Hoe zou het zijn als je jouw business op deze manier zou kunnen creëren en genereren, in plaats van het allemaal te moeten bedenken?

Als je jouw bedrijf vragen stelt, kun je geen standpunt hebben over wat het antwoord zou moeten zijn. Je moet bereid zijn om de energie te ontvangen die iedereen, met inbegrip van jouw bedrijf, je stuurt. Je ontvangt elk standpunt zonder oordeel. Je vraagt: "Wat zou ik willen?" en dan stem je af op de energie van het bedrijf of het project en je vraagt: "Wat heb jij nodig?" Dan maak je een keuze. En je kunt een andere keuze maken, en een andere keuze, want elke keuze die je maakt is goed voor tien seconden. Keuze zal altijd meer bewustzijn creëren.

Alles heeft bewustzijn, met inbegrip van jouw business.

De keuze creëert gewaarzijn,

gewaarzijn creëert geen keuze.

Dr. Dain Heer

Doel versus doelstelling
Wat is succes voor jou?

Wat betekent succes voor jou? Voor de meeste mensen is succes een monetaire waarde. Het gaat over de hoeveelheid geld op de bankrekening of de getallen op een winst- en verliesrekening. Wat als succes in business over iets anders gaat? Wat als het niet alleen over het maken van winst gaat? Hoe zou het zijn als er een grotere doelstelling was voor jouw bedrijf en voor jou? En wat als het geld verschijnt wanneer jij de energie genereert en creëert van wat jij weet dat mogelijk is met jouw bedrijf? Weet je wat? Dat doet het echt!

Voor mij betekent business de wereld veranderen. Ik ben slechts één persoon uit Australië die graag een verschil wil maken in de wereld. Als ik besloten zou hebben dat dit niet mogelijk is, zou ik deze woorden niet schrijven of Plezier met Business classes geven. Als één persoon dit boek leest of uit een class komt en ook maar enigszins is veranderd als gevolg van iets wat ik heb gezegd, dan ben ik een succes.

En jij? Als je erover nadenkt wat succes voor jou betekent, denk je misschien ook na over wat jouw doelen zijn. Voordat je dat doet, nodig ik je uit om het verschil tussen een doel en een doelstelling te overwegen. Een doelstelling is altijd in beweging. Het is iets waarop je je kunt richten, zelfs als dingen veranderen. Een doel daarentegen is iets dat vaststaat. Een doel is meer onbeweeglijk of solide. Er komen verwachtingen aan te

85

pas, die vrijwel altijd leiden tot teleurstelling en oordeel. En een doel is eindig, terwijl een doelstelling oneindig is.

De energie van het richten op een doelstelling is anders dan een doel nastreven. Het eerste is lichter. Een doel is meer als een cel, een gevangenis. Als je het doel niet bereikt, zul je jezelf veroordelen. En als je het doel wel bereikt, zou je het als een eindige eindstreep kunnen zien. En wat doe je dan? Hoe dan ook, je zet jezelf vast.

Wat is jouw doelstelling?

Toen ik een vriend vroeg welke doelstelling hij wenste te creëren met zijn bedrijf, zei hij: "Ik heb geen doelstelling. Ik wil gewoon graag een wijngaard openen."

Ik zei: "Als jij een vraag stelt, zal het bewustzijn van jouw doelstelling zich tonen", en ik begon hem vragen te stellen. Ik vroeg: "Wat is de impact die je wilt dat de wijngaard heeft, op de wereld of op de mensen? Voor wie is de wijn?"

Hij antwoordde: "Nou, ik houd van de intimiteit tussen mensen die wijn vaak genereert." Ik zei: "Geweldig. Dat is één van jouw doelstellingen." Toen vroeg ik: "Welke andere energie komt er voor jou omhoog in verband met het creëren van de wijnmakerij?"

Hij zei: "Het is een uitnodiging voor mensen om van zichzelf en de wijn te genieten en om deel te nemen aan de elegantie en decadentie van het leven. Het betekent meer hebben dan je verlangt, of meer dan deze realiteit zou toestaan. Het is hedonistisch. En er is ook nog de energie van het werken en spelen met de aarde."

Ik zei: "Geweldig, je wilt elegantie, decadentie en intimiteit, zowel in je leven als in je bedrijf, en je weet dat je wilt werken en spelen met de aarde." Hij zei: "Ja. Ik wil graag een rentmeester van de aarde zijn."

Dat was een goede start om de doelstellingen te formuleren om zijn business te genereren omdat, zoals ik al eerder zei, doelstellingen constant veranderen.

Een Access Consciousness facilitator die ik ken wenst bewustzijn en gewaarzijn op de planeet te creëren. Dat is haar doelstelling. Ze werkt met mannen in de gevangenis, ook al krijgt ze er niet voor betaald. Ze zei: "Het voelt licht, het geeft voldoening, het is vreugdevol en het is leuk. Het voegt zoveel toe aan mijn wereld." Met de keuze om elke week met mannen in de gevangenis te werken, opent ze universa naar meer waarneming en bewustzijn.

Als je weet wat jouw doelstelling is en je de energie die voor jou met de doelstelling opkomt, herkent, kun je die energie uitnodigen in je leven. Wanneer er iets opduikt dat overeenkomt met die energie, kies het dan. Het maakt niet uit of het gaat om geld, of iemand die bij jou in het bedrijf komt, of iemand die jouw bedrijf verlaat, of een totale verandering van product of de dienstverlening. Als het overeenkomt met de energie van jouw doelstelling, ga daar dan voor.

Lang geleden was het mijn doelstelling om mensen te inspireren om de wereld op een andere manier te bekijken. Ik wist niet hoe dat eruit zou zien, desalniettemin begon ik die energie uit te nodigen in mijn leven. Ik startte Good Vibes For You en toen ontmoette ik Gary Douglas, die mij kennis liet maken met Access Consciousness.

Toen ik overwoog om naar San Francisco te reizen om mijn eerste grote Access Consciousness class met Gary te doen, had ik flinke schulden. Ik wist niet zeker of dit het juiste was om te doen, dus ik had het erover met mijn vader, die op dat moment mijn accountant was. Mijn vader zei: "Nou, de reis gaat je $ 10.000 kosten, als je alles bij elkaar optelt. Dat is een hoop geld, maar ik denk dat je moet gaan, om erachter te komen of dit werkelijk is wat je wilt doen met je leven." Op zijn eigen manier raadde hij me aan om de energie te volgen en geen keuze te maken op basis van de hoeveelheid geld die de reis zou kosten, maar op hoe ik zou willen dat mijn leven eruit ziet. Ik ben hem daar erg dankbaar voor.

Ik had met een miljoen argumenten kunnen komen om niet te gaan. Ik had kunnen zeggen: "Oh! Ik zou graag gaan, maar ik heb het geld niet. Ik kan het niet doen," en dat had de toekomstige mogelijkheden en alles wat mijn leven vandaag is om zeep geholpen. In plaats daarvan volgde ik wat overeenkwam met de energie van waar ik wilde zijn, ongeacht hoe het eruit zag, en dat heeft meer bewustzijn op de planeet gegenereerd, wat teruggaat naar mijn oorspronkelijke doelstelling. Wat is er nog meer mogelijk?

+ *Hoeveel toekomstige mogelijkheden heb je afgesloten? Ben je bereid om alles wat dat is te ontcreëren en te vernietigen, maal een godziljoen?*

+ *Right and wrong, good and bad, POD and POC, all 9, shorts, boys and beyonds.*

+ *Wat is jouw doelstelling? Wat is het dat je wilt creëren, genereren en instellen? Overal waar je niet bereid bent geweest om waar te nemen, te weten, te zijn en te ontvangen wat overeenkomt met jouw doelstelling, ga je dat nu vernietigen en ontcreëren, maal een godziljoen? Right and wrong, good and bad, POD and POC, all nine, shorts, boys and beyonds.*

Gebruik vragen om je winstdoelstelling te genereren

Je kunt ook winstdoelstellingen opstellen voor jouw bedrijf. Ik sprak met een melkveehouder die me vertelde: "We hebben gekozen voor een bepaald aantal koeien, en die produceren een bepaalde hoeveelheid melk, die zal zorgen voor een bepaalde hoeveelheid winst voor ons. We kiezen ervoor om het aantal koeien niet te verhogen, maar we willen wel onze winst verhogen. Hoe kunnen we dat doen?"

Ik vroeg hem: „Heb je meer informatie nodig?" Hij zei: „Nee." Ik zei grappend: "Nou, je zou kunnen vragen, "Wat is er voor nodig dat onze koeien op magische wijze vier maal zoveel melk geven?" Misschien zal dat verschijnen, maar wat ik voorstel is dat je bewustzijn krijgt van dat wat er is, en dat je naar de toegenomen winstgevendheid kijkt op basis van de hoeveelheid melk die de koeien daadwerkelijk produceren. Stel dan een vraag zoals: 'Wat moeten we nog meer doen of toevoegen aan het bedrijf om onze winstdoelstelling te genereren?' Misschien moet je een Access Consciousness class volgen, of misschien is het nodig om meer koeien te nemen. Als je bereid bent om een groter bewustzijn te hebben, dan is er een mogelijkheid om meer te genereren. Misschien is het nodig om een andere boerderij te beheren. Je zou deze niet hoeven te bezitten; je zou deze kunnen beheren en je melkproductie zou kunnen verdubbelen. Je zou kunnen vragen: 'Nou, als we dit kunnen doen met één boerderij, met hoeveel meer zouden we dit dan kunnen doen?' Of je zou kunnen vragen: 'Op welke manier beperk ik me tot de kudde die ik nu heb? Wat is er nog meer mogelijk?'"

Sindsdien hebben ze hun assortiment uitgebreid, en ze zijn onlangs begonnen met de verkoop van een erg lekkere, hoge kwaliteit slagroom, die zeer populair is geworden en goed verkoopt.

Bij een doelstelling moet je je blik op iets richten dat buiten jou ligt en ver reikt. Je moet bereid zijn om verder te gaan dan waar je nu staat, en iets te doen, anders kom je niet verder dan waar je nu bent. Je moet verder gaan dan de schematiek van tijd, dimensies, realiteit en materie. Je moet zeggen: "Ik ga anders zijn vandaag. En morgen ga ik weer anders zijn."

Laat je doelstellingen geen beslissingen worden

Ik hou ervan om doelstellingen te stellen. Ik ben me er ook van bewust hoe ze me zouden kunnen beperken. Doelstellingen kunnen beslissingen worden die vastlopen. Of je kunt belang hebben bij de uitkomst. Zodra iets niet meer zo licht en plezierig voelt als toen ik er oorspronkelijk voor koos om het te doen, weet ik dat het een besluit is geworden.

Toen ik voor het eerst mensen faciliteerde met de Access Consciousness processen, had ik belang bij de uitkomst. Als ik met iemand een privé-sessie deed en ze "het" niet leken te snappen, was ik er kapot van. Dit was zeker niet het Plezier met Business! Ik heb mijn aanpak nu veranderd. Ik weet dat de persoon waarmee ik werk, er een kleine tool uit zou kunnen meenemen, en dat die kleine tool zijn of haar leven op een onvoorstelbare manier kan verruimen. Een week later kan iets wat ik heb gezegd plotseling tot hen doordringen. Verandering komt op zoveel verschillende manieren. Je kunt geen belang hebben bij de uitkomst van wat je doet, omdat je nooit echt weet wat het resultaat zal zijn.

Je kunt bijvoorbeeld van plan zijn om een cursus te geven. Je hebt alles gedaan wat je kunt doen om het bekend te maken en je hebt een doelstelling voor een bepaald aantal deelnemers. Het is geweldig om een doelstelling te hebben - en dan moet je er afstand van nemen. Wat als er maar één persoon komt opdagen? Je weet nooit wat je met die ene persoon gaat veranderen. Dit gebeurde bij mij. Jaren geleden was ik de enige die naar een introductiecursus voor Access Consciousness kwam. Ik zat daar en luisterde naar de man die de cursus deed en ik dacht: "Die vent is gek." Maar toen ik de volgende ochtend wakker werd, wist ik dat er iets was dat heel anders was. Ik belde hem en vroeg: 'Wat heb je met me gedaan? Ik ben anders." Dat was het begin van een nieuwe richting in mijn leven.

Stel dat je op het punt staat om op een beurs te gaan staan en je doel is om met zoveel mogelijk mensen in contact te komen. Je meet het succes ervan af op basis van het aantal namen en telefoonnummers waarmee je vertrekt. Misschien is succes iets anders. Wat als je het leven hebt veranderd van de persoon die de kaartjes controleerde, gewoon door jij te zijn?

Stel je voor wat je zou doen als je wist dat je niet kon falen

Soms weerhouden mensen zich ervan om voor hun doelstellingen te gaan, omdat ze bang zijn te falen. Wat is falen eigenlijk? Ga je gang, probeer het te definiëren. Heb je werkelijk ooit gefaald? Of heb je iets gegenereerd dat er anders uitziet dan wat je voor ogen had? Hoe verhoudt zich dat tot "mislukken"? Doelstellingen zijn eeuwig in beweging; ze veranderen altijd.

*Overal waar je niet bereid bent geweest om
te functioneren vanuit "stel je voor wat je zou
kunnen doen als je wist dat je niet kon falen,"
ga je dat nu vernietigen en ontcreëren, maal een
godziljoen? Right and wrong, good and bad, POD
and POC, all 9, shorts, boys and beyonds.*

Wees bereid te veranderen

Sinaasappelbomen of citroenbomen?

Ik ontmoet vaak mensen die hebben besloten hoe hun bedrijf zal zijn, in plaats van vragen te stellen over wat het zou kunnen zijn. Laat ik een voorbeeld geven. Laten we zeggen dat een groepje mensen heeft besloten dat ze een bedrijf gaan starten dat sinaasappelsap maakt. Zij zouden kunnen vragen: "Wat hebben we nodig?" Sinaasappelbomen. Oké! Ze kopen een aantal sinaasappelbomen en planten ze. De bomen beginnen te groeien en de nieuwe ondernemers worden enthousiast over het heerlijke sinaasappelsap dat ze gaan produceren. Zij concluderen: "We gaan het beste sinaasappelsap in het land verkopen", en ze beginnen alles op orde te maken om hun bedrijf uitermate succesvol te laten zijn. De bomen blijven groeien en de mensen zorgen er goed voor. Ze geven de bomen water en bemesten ze. Op een dag verschijnen de bloesems. De mensen worden enthousiast. "Binnenkort zullen we sinaasappels hebben!" Dan verschijnt het fruit. Maar het zijn geen sinaasappels, het zijn citroenen.

Leven in de oneindige mogelijkheden zou zijn: "Oh! Citroenen! Wat is hier goed aan dat we niet doorhebben? Welke business kunnen we creëren met citroenen? We zouden limonade kunnen maken - of we zouden citroentaarten kunnen produceren."

De meeste mensen zouden die benadering niet kiezen. Zij zouden zeggen: "Oh nee! Dat werkte niet", en de bomen omhakken. Ze zouden vernietigen wat het universum ze heeft gegeven, omdat het geschenk er niet uitzag zoals ze zich hadden voorgesteld. Het hoeft niet op deze manier te gebeuren.

Business en ondernemingen kunnen ogenblikkelijk veranderen als je bereid bent om ze te veranderen. Sterker nog, je hele leven kan ook zo snel veranderen; je hoeft er alleen maar voor open te staan dat alles mogelijk is.

Vraag, eis, keuze en bijdrage

De vier elementen om verandering in je bedrijf en je leven aan te brengen zijn vraag, eis, keuze en bijdrage. Je stelt een vraag, die de deuren opent naar meer mogelijkheden. Je eist wat je wenst en nodig hebt, wat de generatieve energie creëert die nodig is om iets tot stand te brengen. En je maakt een keuze. Je kiest in stappen of intervallen van 10 seconden, wetende dat geen enkele keuze die je maakt vaststaat. Je kiest iets en dan heb je een nieuwe gewaarwording en kies je opnieuw. Een keuze maken geeft je het besef van wat mogelijk is. Dit alles is een bijdrage; het draagt bij aan de mogelijkheden voor jou en jouw bedrijf.

Ben je bereid te veranderen?

Slechts een enkeling kan een onderneming oprichten én de CEO zijn. Vaak komt de oprichter die fungeert als CEO, vast te zitten in zijn of haar oorspronkelijke visie voor het bedrijf en is dan niet bereid om dit nog te veranderen. Dat komt omdat de meeste oprichters geneigd zijn om zoveel standpunten en conclusies te vormen wanneer ze het bedrijf oprichten, dat ze niet in staat zijn om de huidige en toekomstige mogelijkheden te zien. Ze hebben vaste standpunten over hoe de business eruit moet zien, en deze standpunten resulteren in blokkades binnen het bedrijf. Als er mensen verschijnen die iets groots te bieden hebben, kan de oprichter het niet zien of erkennen. Ze willen niets veranderen, ook al zou verandering nou net kunnen zijn wat er nodig is. Uiteindelijk zullen ze het bedrijf vernietigen.

Dit deed ik bijna met Good Vibes for You. Mijn doelstelling met dit bedrijf was om de manier waarop mensen de wereld zien te veranderen, en zodra ik Gary Douglas ontmoette en de instrumenten van Access Consciousness begon te gebruiken, wist ik dat wat Access bood helemaal overeenkwam met de doelstelling die ik had met Good Vibes for You. Na een tijdje had ik het verlangen om Access Consciousness fulltime te doen. Ik dacht dat de manier om dit te doen was door Good Vibes te verwoesten.

Gary zag wat ik deed en hij vroeg me: "Waarom moet je Good Vibes kapotmaken?"

Ik zei: "Omdat ik nu Access Consciousness wil doen." (Merk je de vraag daarin? Nee dus. Het waren allemaal conclusies.)

Hij vroeg: "Waarom kun je niet beide doen? Kan Good Vibes veranderen? Of zou je iemand anders in het bedrijf kunnen brengen?"

Die vragen veranderden mijn leven. Eerder had ik het standpunt dat ik slechts één bedrijf moest hebben. Ik was geconditioneerd om te geloven dat één bedrijf genoeg was voor één persoon. Ik heb sindsdien ontdekt dat één bedrijf niet de enige optie was voor mij. Na mijn gesprek met Gary realiseerde ik me dat het bedrijf vernietigen niet mijn enige optie was. Ik kon het veranderen! Ik huurde een business manager in, gaf haar 50% van het bedrijf en ze begon met de bedrijfsvoering. Dit heeft me in staat gesteld om het werk in Access Consciousness te doen dat ik graag wilde doen, en ook om Good Vibes te behouden.

Hoe vaak ben jij begonnen sinaasappelbomen te kweken en bleken het citroenbomen te zijn? Heb je keer op keer geprobeerd om sinaasappelbomen te kweken (omdat je van sinaasappelsap houdt) en liet je niet toe dat iets anders zich presenteerde?

Zit jezelf niet in de weg

Ga even uit de weg, doe een stap opzij, als het gaat om wat jij hebt besloten dat jouw business, bedrijf of project zou moeten zijn, en stel meer vragen. Je moet bereid zijn om jouw bedrijf te laten gaan. Je moet toe kunnen laten dat elk project waar je aan werkt tot een einde komt. Je hoeft echter niet een bedrijf te vernietigen dat iets anders van je vraagt! Dit is niet de enige optie. In plaats van besluiten dat jouw bedrijf of jouw project is overleden, of dat je het niet meer wilt doen, stel vragen:

+ Wie of wat kan hieraan bijdragen?
+ Wat kan ik toevoegen aan mijn business?
+ Wat kan ik aan mijn leven toevoegen?

Businessplannen en budgetten

Als ik spreek over openstaan voor verandering, bedoel ik niet dat je geen plannen voor je bedrijf zou moeten maken. Het is prima om plannen te maken. Je moet ook onthouden dat bijna niets werkt op de manier waarop je dacht dat het zou werken. Houd dit in gedachten wanneer je investeringsplannen maakt of budgetten opstelt.

Als je een budget opstelt om aan investeerders te laten zien, doe het dan vanuit "interessant gezichtspunt." Moet je je houden aan de begroting? Nee. Wees bereid om het te laten veranderen. Het zal je een groter bewustzijn geven. Het zal je ook iets geven om te laten zien aan de beleggers die je wenst aan te trekken. Je kunt jouw invalshoeken laten zien, waar je geld aan zou willen besteden en hoe dat eruit zal zien.

Wanneer je een businessplan hebt, is het verleidelijk te denken dat alles wat gaat gebeuren in het plan moet passen. Als citroenbomen niet in jouw businessplan staan, zou je de bomen omhakken voordat je de mogelijkheden hebt overwogen. Ik ben niet tegen het schrijven van businessplannen; ik weet wel dat ze niet in steen gegrift staan. Kan het plan veranderen? Absoluut. Het zou in één seconde kunnen veranderen, en je moet bereid zijn dat te laten gebeuren. Maak een businessplan voor de bewustmaking - niet als een eindconclusie.

Je kunt je bedrijf niet op zijn plek houden. Je moet toelaten dat het zichzelf genereert. Het is te vergelijken met een tuin. Wanneer je een tuin aanplant, maak je een keuze. Je plant iets, en als het niet aanslaat, plant je iets anders. Je kunt niet zeggen: "Dit wordt perfect," want dat is een tuin nooit. Het groeit en verandert steeds. Je laat veranderingen toe en je ondersteunt het daarbij. Je kunt een tuin niet beheersen.

Het gaat daarbij om het grotere bewustzijn dat je kunt hebben, en de mogelijkheden om iets onmiddellijk te veranderen. Als je in "interessant gezichtspunt" blijft over de financiën, de plannen en de projecties, laat je ruimte voor de magie om tevoorschijn te komen.

Wat als de magie verdergaat dan je ooit voor mogelijk hebt gehouden?

Laat me het geld zien

Wist je dat er meer wegen zijn waardoor geld naar je toe kan komen? Business is maar één van de wegen waardoor geld kan opduiken. Als je geen standpunt hebt over hoe geld naar je toe kan komen, sta je het toe om bij je te komen via jouw bedrijf, en ook uit andere richtingen.

Als je het krijgen van geld als een lineair concept ziet en gelooft dat business een portaal voor geld is, dan is business inderdaad een portaal voor geld. Daarnaast zijn er nog andere portalen voor geld. En business is een portaal voor andere dingen naast geld. Het is bijvoorbeeld een portaal voor verandering. Zodra je tot een conclusie komt waar het geld vandaan zal komen, blokkeer je alle mogelijkheden om het vanuit andere richtingen te ontvangen. Telkens als je bereid bent om bij te dragen en om een bijdrage te ontvangen in alles, in relaties, in seks, in business, in geld, op elk gebied van je leven, opent jouw bereidheid om te ontvangen alles wat mogelijk is.

Een vriend van mij vertelde me onlangs dat zijn zoontje hem had gezegd: "Papa, ik wil met jou door Australië reizen."

De vader antwoordde: "Nou, wat als we de wereld eens gingen rondreizen?"

De zoon zei: "Ja, dat klinkt fantastisch!"

Vervolgens zei de vader: "Ik moet alleen wat meer geld verdienen, zodat we dat kunnen doen."

De zoon antwoordde: "Maak je geen zorgen over het geld, pap. Mensen laten het de hele tijd vallen. Ik zal het oppakken en aan je geven!"

Hoe zou het zijn als je het standpunt van een kind aannam? Geld is overal. Mensen laten het de hele tijd vallen. Wat als geld net als zuurstof was? Je ademt elke dag. Hoe zou het zijn als je geld kon ontvangen als zuurstof, en dat je het lineaire standpunt over hoe het moet verschijnen niet overneemt?

Toen ik Gary Douglas ontmoette, had ik een schuld van $187.000. Ik had een bedrijf met veel voorraad, maar afgezien daarvan had ik niet veel, behalve veel plezier. Ik nam deel aan een business class die Gary in San Francisco deed, waar hij ons een paar eenvoudige gereedschappen gaf over geld. Ik raakte geïnspireerd en vroeg: "Wat zou er gebeuren als ik deze tools zou gebruiken?" Ik begon een aantal van de tools die hij ons had geleerd te gebruiken, en binnen drie en een halve week was meer dan de helft van mijn schuld verdwenen. Ik had een aantal krankzinnige standpunten over geld, en toen ik deze veranderde met de Access Consciousness instrumenten, kwam er geld tevoorschijn vanuit allerlei verschillende richtingen. Een deel van het geld kwam via mijn bedrijf, een deel kwam in de vorm van een gift, en een deel ervan kwam op willekeurige manieren vanaf willekeurige locaties naar me toe. Het kwam erop neer dat geld plotseling in mijn leven verscheen.

Eén van die krankzinnige standpunten die ik veranderde door het gebruik van de Access gereedschappen, had te maken met mijn vader, op wie ik echt gek ben. Hij zei ooit: "Ik zal deze planeet niet verlaten voordat ik weet dat al mijn kinderen het financieel voor elkaar hebben." Mijn broer en mijn zus deden het goed, maar zoals ik al zei, ik had veel schulden. Op een dag, terwijl ik een Access tool gebruikte, besefte ik plotseling: "Oh shit! Ik maak van mezelf een financiële puinhoop, zodat mijn vader in leven kan blijven!" Ik had het erover met hem, en daarna begon alles in mijn financiële wereld te veranderen. Ik veranderde mijn krankzinnige standpunt en oneindige mogelijkheden begonnen te verschijnen.

Geld genereren: plezier en nog meer plezier

Niet iedereen vindt het genereren van geld plezierig. Sommige mensen geloven dat ze geen geld kunnen genereren. Ze maken zich zorgen over waar het geld dat ze nodig hebben vandaan moet komen, of ze houden vast aan wat ze hebben. Voor hen betekent het verliezen van geld dat ze gefaald hebben. Hun houding is: "Ik kan dit niet verliezen, omdat het eeuwig zou duren om het opnieuw te genereren - dus kan ik niet en mag ik niet falen." Ze zijn zo druk met het vasthouden aan wat ze hebben, dat ze niet meer kunnen ontvangen.

Dan zijn er anderen, die er altijd achter proberen te komen hoe ze geld kunnen binnenhalen. Ze zeggen: "Ik ga dit doen, en dit en dit. Hoeveel ga je me betalen?" De mensen die proberen uit te vogelen hoe ze geld gaan verdienen, zijn degenen die het nooit lijken te creëren, terwijl degenen die geld genereren voor hun plezier, de mensen zijn bij wie geld gewoon verschijnt.

Overal waar je hebt gezocht naar geld om vreugde te creëren, in plaats van vreugdevol en blij te zijn en het geld te laten verschijnen, waarheid, vernietig en ontcreëer je dat, maal een godziljoen? Right and wrong, good and bad, POD and POC, all nine, shorts, boys and beyonds.

Geld volgt vreugde, vreugde volgt geld niet.

Ben je bereid om te worden gezien als rijk en succesvol?

Kort geleden heb ik ervaren hoe het was om als rijk te worden gezien, door de ogen van mijn zes jaar oude nichtje. Ze wilde heel erg graag een iPod, dus ik kocht er eentje voor haar. Ze zat er op de grond mee te spelen en zei opeens met een zucht: "Tante Simone, ik ben blij dat je rijk bent," en ze somde alle dingen op die ik voor haar had gekocht. Ik was blij dat ze zo dankbaar was. Voor haar is rijk zijn iets heel goeds. Is dat ook zo voor jou? Hoe reageer jij als iemand denkt dat je veel geld hebt? Mijn houding is: "Da's geweldig, ik zal het oordeel dat ik veel geld heb, ontvangen." Hoe meer mensen oordelen dat jij geld hebt, hoe meer geld daadwerkelijk in je leven zal verschijnen.

Heb je gemerkt dat hoe mensen over je oordelen en wat ze op je projecteren, gebaseerd is op de auto waarin je rijdt, de kleren die je draagt, en de sieraden die je draagt of niet draagt? In de vroege dagen van *Good Vibes for You* reed ik in een oud Toyota busje. Ik was me ervan bewust dat mensen oordeelden dat ik het min of meer goed deed in zaken en dat ik niet bijzonder succesvol was. Ze dachten dat ik door het leven fladderde, dat ik niet de drive had om meer succes te creëren, en daar zat een kern van waarheid in. Later hadden we een opgewaardeerd busje met een prachtig ontworpen kunstwerk met ons logo erin en inspirerende spreuken. Het was interessant om te zien hoe anders ik werd beoordeeld. Kinderen zwaaiden naar me als ik langsreed, en in druk verkeer lieten mensen me voorgaan. Het was tenslotte de *Good Vibes for You* bus.

Op een dag, toen ik al een tijdje Access deed, kocht ik een BMW-cabriolet. Mijn familie had niet veel aandacht besteed aan wat Access Consciousness was en ze hadden nooit vragen gesteld, tot ik met kerst in mijn nieuwe auto naar een evenement reed. Die dag vroeg bijna iedereen in mijn familie: "Wat is Access Consciousness nou precies? Wat doe je?" Met mijn BMW-cabriolet had ik het oordeel gecreëerd van "succes" en wilden mensen weten wat ik deed.

„Oh! Jij moet wel rijk zijn!"

Een Koreaanse zakenvrouw die in Seoul woont, vertelde me dat zij en haar man in een zeer rijk deel van de stad wonen, en als Koreanen haar vragen waar ze woont, wil ze dat niet vertellen. Ze wil ze niet horen zeggen: "Oh! Jij moet wel rijk zijn!", dus zegt ze dat ze in een ander deel van de stad woont. Ik stelde haar voor dat ze hiermee ging spelen. Ik zei: "Ga je gang en vertel mensen waar je woont," en als ze zeggen: 'Oh, je moet wel rijk zijn,' glimlach dan en zeg: 'Ja, ik woon daar graag, we hebben zoveel ruimte.' En zie wat er dan gebeurt."

Een vriend uit Eumundi, een klein stadje in Queensland, Australië, speelt leuk met de oordelen over rijk zijn en het verdienen van veel geld. Ze vertelde me dat ze elke twee of drie dagen het geld uit haar bedrijf naar de bank brengt. De dame die bij de bank werkt, gaat ervan uit dat ze de verdiensten van één dag komt storten en zegt dingen als: "Wow! Je had een goede dag vandaag, hè?" Mijn vriendin glimlacht altijd en zegt: "Jazeker!" en ontvangt het oordeel dat ze veel geld heeft verdiend.

Vergelijk dit eens met het idee dat je net zo weinig geld zou moeten hebben als ieder ander. Heb je ooit een gesprek tussen twee mensen gehoord zoals dit? De ene persoon zegt: "Wauw, jouw kantoor is zo groot en mooi," en de tweede persoon antwoordt: "Oh, je moest eens weten wat mijn huur is voor deze plek. En mijn verzekering is torenhoog! Maar ik heb een mooie plek nodig om mijn klanten te ontvangen." Wat als ze gewoon antwoordde: "Ja, ik vind het fijn om hier te werken. Het is geweldig, vind je niet? Wat is er nog meer mogelijk?"

Ken je mensen die graag van de daken schreeuwen hoe arm ze zijn? Ik hoor steeds mensen praten over hoe arm ze zijn, en de ander probeert dat te overtroeven, door te vertellen dat hij er nog slechter aan toe is. Je hoort nooit iemand zeggen: "Ik heb bergen geld! Het gaat goed met mij en het is geweldig! Ik ben net terug van een fantastische vakantie." Niemand praat zo. In plaats daarvan passen mensen zich aan aan wat anderen doen en zijn. Is het tijd om dat te veranderen? Ben je bereid om anders te zijn? Ben je bereid om heel veel geld te hebben?

Ben je bereid het oordeel te ontvangen dat je heel veel geld hebt? Overal waar je niet bereid bent geweest om oordelen te ontvangen over hoe rijk je bent of hoeveel geld je hebt, waarheid, vernietig en ontcreëer je dat, maal een godziljoen? Right and wrong, good and bad, POD and POC, all 9, shorts, boys and beyonds.

Mensen hebben hoe dan ook een oordeel over je, dus waarom zou je niet het oordeel creëren dat je welvarend en succesvol bent?

Het gaat niet om het geld

Toen ik net was begonnen met *Good Vibes for You*, zei ik steeds: "Business gaat niet om het verdienen van geld. Het gaat om het plezier van business." Dat was tot op zekere hoogte waar, en op een dag keek ik er wat langer naar, en ik was me bewust van de energie die het creëerde als ik zei: "Het gaat niet om het geld." Ik besefte dat ik gevangen zat in een besluit over geld verdienen. Ik zag in dat als ik daaraan bleef vasthouden, ik niet veel geld zou kunnen ontvangen.

Ik realiseerde me dat ik me verstopte achter uitspraken zoals: "Het gaat niet om het geld." Het was een manier om veilig te zijn. Ik wilde niet boven het maaiveld uitsteken. Toen ik me daarvan bewust werd, vroeg ik: "Wat als het óók gaat om geld verdienen?" Ik begon te vragen: "Wat is ervoor nodig om veel geld te verdienen en plezier met business te hebben?"

In die begindagen van *Good Vibes for You* kwam mijn gebrek aan ontvangen tevoorschijn bij de verkoop van t-shirts. Zodra iemand zei: "Ik houd van je t-shirts," was ik klaar. Dat was mijn doel. Diegene vroeg of hij één van de shirts kon kopen, en ik zei: "Natuurlijk, wil je korting? Ik geef je er twee voor de prijs van één!" Ik wilde ze dat geven, omdat "business niet om het geld ging. Het ging om de creatieve kant van het zakendoen." Nadat ik aan mijn vermogen om te ontvangen had gewerkt en mijn bewustzijn verhoogde, kwam ik op het punt waarop ik kon zeggen: "Oh! Ik kan het geld nu ontvangen! Je wilt een t-shirt? Dat is dan 35 dollar."

Kijk naar de doelstelling voor jouw bedrijf of project, ongeacht wat het is, en vraag dan:

+ Hoe zou het zijn als ik bereid zou zijn om ook geld te ontvangen?
+ Hoe zou het zijn als ik het geld zou vragen om te verschijnen en nog steeds mijn doelstelling zou handhaven?

Je kunt ook beginnen jouw vermogen om meer geld te ontvangen te vergroten, door vragen te stellen als:

+ Wat is ervoor nodig om het geld te laten verschijnen?

Overal waar ik vandaag geld heb afgeslagen, vernietig en ontcreëer ik, maal een godziljoen. Right and wrong, good and bad, POD and POC, all nine, shorts, boys and beyonds.

Welke eis zou je willen stellen?

Ik heb een fantastische accountant in Australië. Op een dag vroeg ze me welk bedrag ik persé persoonlijk van Good Vibes zou willen ontvangen. Ik keek haar aan en zei: "Ik kan zo'n eis niet stellen, want we hebben al deze rekeningen."

Ze zei: "Good Vibes For You is geweldig in het ontvangen van facturen, en ik ben bereid het te laten bewijzen dat ik het bij het verkeerde eind heb." Toen vroeg ze weer: "Welk bedrag wil je persoonlijk eisen van Good Vibes for You?"

Ik begon me te ergeren en begon uit te leggen: "We hebben rekeningen. We hebben schulden. We hebben investeerders. We hebben mensen die we eerst moeten betalen."

Ze keek me aan en vroeg opnieuw: "Welke eis ben je bereid te stellen aan jouw bedrijf?"

Plotseling begreep ik het. Ik zei: "Verdorie! Je hebt gelijk," en ik noemde haar het bedrag dat ik elke maand zou willen ontvangen van het bedrijf. Als je niet bereid bent een eis te stellen aan het bedrijf over het bedrag dat je wilt verdienen, zul je merken dat jouw bedrijf altijd rekeningen binnenhaalt. Het gaat om de waardering van jou en de bijdrage die jij bent aan het bedrijf.

Hier is een oefening die je kunt doen. Oefen met het volgende te zeggen:

+ *Kan ik het geld nu krijgen, alsjeblieft?*
+ *Herhaal dit tien keer, en meer en meer en meer!*
+ *Kan ik het geld nu krijgen, alsjeblieft?*
+ *Kan ik het geld nu krijgen, alsjeblieft?*
+ *Kan ik het geld nu krijgen, alsjeblieft?*
+ *Kan ik het geld nu krijgen, alsjeblieft?*
+ *Kan ik het geld nu krijgen, alsjeblieft?*
+ *Kan ik het geld nu krijgen, alsjeblieft?*
+ *Kan ik het geld nu krijgen, alsjeblieft?*
+ *Kan ik het geld nu krijgen, alsjeblieft?*
+ *Kan ik het geld nu krijgen, alsjeblieft?*
+ *Kan ik het geld nu krijgen, alsjeblieft?*

Als je dit verzoek blijft doen, let dan op of dingen lichter voor je beginnen te worden en je daadwerkelijk meer geld, meer business en meer vreugde begint te ontvangen.

Wat reken je voor jouw producten of jouw diensten?

In de tijd dat ik halfedelstenen uit India importeerde, verkocht ik rozenkwarts stenen, die liefdesstenen werden genoemd, en ze waren erg populair. Ik ging direct naar de bron, en elimineerde zo de tussenpersoon, en de winstmarge op de stenen was enorm. Ik kon ze voor $ 15 kopen en verkocht ze voor $ 130 per stuk. Ik liet de stenen vaak in zilver zetten in Rajasthan. Ze maakten daar prachtig handwerk, en dat maakte dat ik de prijs nog meer kon verhogen.

Op een gegeven moment deed ik een interessante ontdekking. Ik besloot om me te ontdoen van mijn voorraad sieraden, en ik verlaagde de prijzen drastisch. Omdat ik zo weinig had betaald voor de juwelen, kon ik het me veroorloven om dat te doen. Aan een ring die ik had gekocht voor $ 15, hing ik een prijskaartje van $ 25. Ik dacht dat ik ze sneller zou verkopen, maar ik ontdekte iets wat ik niet had verwacht: Niemand wilde ze kopen. Mensen dachten: "Oh, dat is gewoon een goedkoop sieraad." Maar als ik er een prijskaart aanhing met daarop: "Originele prijs: $ 130, verkoopprijs: $ 80" - dan kochten mensen het wel. Ze dachten: "Wow, dit is een geweldige prijs voor een gave ring!" Ik leerde dat ik de manier waarop mensen over mijn producten dachten, kon beïnvloeden door de prijs die ik vroeg. Met de lagere prijs concludeerden mensen dat ze iets goedkoops en ondeugdelijks kregen, en met de hogere prijs dachten ze dat ze een geweldige deal kregen.

De hoogte van de prijs die je aan klanten in rekening brengt, beïnvloedt de manier waarop ze jouw product of dienst waarnemen. Wat betekent dit voor jou? Het betekent dat je het te betalen bedrag voor jouw product of dienst moet bepalen, waarbij jij je comfortabel voelt, en vervolgens meer gaat rekenen! Jouw klanten en cliënten zullen dankbaarder zijn voor jou en jouw product.

Hoeveel geld ben je bereid te ontvangen?

Onlangs kreeg ik een gezichtsbehandeling van een vriendin die schoonheidsspecialiste is. Toen ze klaar was, vroeg ik haar hoeveel ik haar verschuldigd was. Ze liet haar hoofd hangen, ritselde met wat papieren en mompelde, "$ 95."

Ik vroeg: "Wat is dat?"

Ze zei: "Wat?"

Ik vroeg: "Wat is de energie met de $ 95,-".

"Oh!" Zei ze, "ik haat het om vrienden om geld te vragen."

Weer vroeg ik haar: "Hoeveel ben ik je schuldig?"

Opnieuw ging haar hoofd naar beneden en zei ze: "$ 95."

Ik vroeg: "Hoeveel is het?"

Eindelijk keek ze me recht in de ogen en zei duidelijk, "$ 95."

Ik gaf haar 120 dollar.

Je moet bereid zijn om mensen om geld te vragen! Hoeveel ben je bereid om per uur voor jouw diensten te ontvangen? $ 50, $ 100, $ 1000, $ 10.000, $ 20.000? Als je op uurbasis met mensen werkt, en je rekent per uur, vraag dan:

+ Bij welk bedrag voel ik me comfortabel?

Als je je comfortabel voelt bij het rekenen van $ 80 per uur, reken dan $ 100. Neem het bedrag waarbij jij je comfortabel voelt en verhoog dat. Beschouw het als een bonus voor wie en wat jij bent. Het gaat niet om wat je waard bent - jij bent veel meer waard dan het bedrag dat je rekent. Het is gewoon geld. Heb er plezier mee.

Ik vermoed dat het idee om dit te gaan doen ongemakkelijk voor je voelt, dus ik ga het nog een keer zeggen. Als je een prijs voor iets vaststelt, wees je er dan van bewust of je in je comfortzone zit. Maakt het bedrag dat je rekent je ongemakkelijk? Komt dit overeen met de energie van waaruit je functioneert? Welk bedrag zou je per uur in rekening moeten brengen om het leuk te laten zijn? Wat zou het plezier met business zijn?

Te weinig geld? Te veel geld?

Een tijdje geleden vertelde een kennis me dat ze niet meer omgaat met bepaalde mensen, omdat ze nu te veel geld verdienen.

Ik was geschokt. Ik vroeg: "Om welke reden zou je niet omgaan met iemand, omdat ze te veel geld hebben verdiend?"

Zou dat de hoeveelheid geld die je bereid bent te ontvangen in je bedrijf en je leven beperken? Ja!

Heb je besloten dat je geen mensen in jouw realiteit of universum kunt hebben die te weinig of te veel geld verdienen? Wat maakt je ongemakkelijker: te weinig of te veel? Het is allemaal een oordeel. Jezelf toestaan je op deze manier te conditioneren, betekent dat je jouw universum niet toestaat om groter te worden en een bijdrage te ontvangen.

Stop jij jezelf?

Soms vertellen mensen me dat ze een goed idee hebben voor een business, maar dat ze niet kunnen starten, omdat ze geen geld hebben. Of ze kiezen ervoor geen business te doen waarvoor ze kapitaal nodig hebben, omdat ze denken dat ze alle fondsen moeten werven voordat ze beginnen. Ze laten zich tegenhouden door het idee van "geen geld". Is dit iets wat jij doet? Wat gebeurt er als je bereid bent om te werken vanuit het idee dat het geld zal verschijnen wanneer je het nodig hebt? Wat als je je niet zou laten tegenhouden door "geen geld"? Als je in plaats van: "Oh, we kunnen dit niet doen omdat we geen geld hebben", zou vragen: "Wat is ervoor nodig om te genereren wat we wensen en nodig hebben?"

Wil je daadwerkelijk de kreeft?

Als er iets is dat je echt zou willen in het leven, dompel je er dan in onder. Als je denkt dat je een relatie met iemand wilt hebben, wees dan in een relatie met hem of haar. Als je kreeft wilt eten, eet dan kreeft. Wees je ervan bewust, dat zodra je in een duur restaurant naar het menu kijkt en denkt: "Ik wil graag kreeft, maar ik kan het niet betalen, dus neem ik de kipsalade," je nee hebt gezegd tegen ontvangen. Je hebt zojuist geld afgewezen in je leven. Als je vaker geld in je leven afwijst, is dit een proces dat je aan het eind van elke dag kunt gebruiken:

Overal waar ik geld vandaag heb afgewezen, vernietig en ontcreëer ik. Right and wrong, good and bad, POD and POC, all nine, shorts, boys and beyonds.

Heb jij, als oneindig wezen, geld nodig?

Soms zeggen mensen dingen als: "Geld verdienen is niet zo belangrijk voor mij." Ik antwoord dan: "Dat klopt. Als geld werkelijk belangrijk voor jou zou zijn, zou je er emmers vol van hebben." Daarna vraag ik: "Heb je geld nodig voor jou, of heb je geld nodig voor je lichaam?" Jij, als oneindig wezen, hebt geen geld nodig. Je hebt geld wel nodig voor jouw lichaam - voor de kleren die je draagt, het bed waarin je slaapt, en de eersteklas stoel in het vliegtuig wanneer je reist. Heb je genegeerd wat jouw lichaam zou willen? Wat als het tijd is om vriendelijk te zijn voor je lichaam? Wat als je jouw lichaam zou meenemen in de optelsom van jouw bedrijf?

Hoeveel geld zou jouw lichaam willen creëren en genereren?

Bemerkte je enige opwinding in je lichaam, toen je die laatste twee vragen las? Je zou dit proces kunnen proberen:

Welke energie, ruimte en bewustzijn kunnen mijn lichaam en ik zijn, die ons in staat zouden stellen om ons eigen geld te hebben? Alles wat dat niet toestaat om te verschijnen, vernietig en ontcreëer ik, maal een godziljoen. Right and wrong, good and bad, POD and POC, all nine, shorts, boys and beyonds.

Ik merkte een bijzonder interessante verandering op nadat ik dit proces voor de eerste keer gebruikte. Ik ben niet de netste persoon ter wereld. Als ik op reis ben en incheck in een hotelkamer, explodeert mijn koffer en raakt de kamer met spullen bezaaid. We deden een Access Consciousness class in Italië net nadat ik dit proces had gebruikt, en het veranderde allemaal. In plaats van mijn spullen door de kamer te verspreiden, zette ik alles op zijn plaats. Alles werd netjes. De badkamer was opgeruimd. Mijn kleren hingen in de kast. Mijn papieren lagen op het bureau. Ik maakte mijn omgeving een plezier voor het oog. Ik was eerder niet bereid geweest om dat te doen. Het kwam doordat ik voor mijn lichaam en mijzelf had gevraagd om ons eigen geld te hebben. Eerder was mijn lichaam geen onderdeel van de optelsom. Nu is dat het wel.

Breid je over het hele universum uit. Expandeer jezelf verder, tot in alle plaatsen waar je eerder niet bereid was te gaan, om toegang te krijgen tot al het geld en alle zakelijke mogelijkheden die beschikbaar zijn. Blijf expanderen, voorbij tijd, dimensies, realiteit en materie. Expandeer voorbij je verbeelding, omdat je fantasie beperkt is. Die weet alleen wat je al hebt gedaan. Expandeer buiten je logische geest, stem af op alles, alle plaatsen waar je niet naartoe wilde gaan, om toegang te krijgen tot al het geld dat beschikbaar is. Alles wat jou niet toestaat om daar toegang toe te hebben, vernietig en ontcreëer je dat, maal een godziljoen? Right and wrong, good and bad, POD and POC, all 9, shorts, boys and beyonds.

Geld uitnodigen in je leven

Wil je meer geld in je leven? Hier zijn een aantal tools die je kunt gebruiken om meer geld uit te nodigen in je bedrijf en in je leven.

Wat is er nog meer mogelijk?

Hoe wordt het nog beter dan dit?

Ik heb het al gehad over het gebruiken van deze vragen, maar ze zijn zo belangrijk, en zo toepasbaar op het ontvangen en het hebben van geld, dat ik ze hier ook wil noemen.

Telkens als je geld ontvangt, vraag:

+ Wat is er nog meer mogelijk?
+ Hoe wordt het nog beter dan dit?

Elke keer dat je een rekening betaalt, vraag:

+ Wat is er nog meer mogelijk?
+ Hoe wordt het nog beter dan dit?

Wanneer je de elektriciteitsrekening betaalt, wees dan dankbaar. Je hebt licht, je kunt je computer inpluggen en je kunt de telefoon opnemen. Wees dankbaar voor wat je hebt, want als je niet dankbaar bent voor wat je hebt, ben je niet in staat om meer te ontvangen. Bijvoorbeeld, je hebt net $ 20 verdiend. Je zou kunnen zeggen: "Dat is niets. Ik had $ 120 moeten verdienen." Kijk niet naar wat je niet hebt verdiend.

Kijk naar wat je hebt verdiend, wees daar dankbaar voor en stel dan vragen. Niet van: "Oh, dit is niet genoeg!" Vraag in plaats daarvan: Wow, hoe kom ik aan zoveel mazzel dat ik deze $ 20 heb? Wat is er nog meer mogelijk?

Wat is er voor nodig dat deze hoeveelheid geld tienvoudig bij mij terugkomt?

Als je een rekening betaalt, vraag dan:

+ Wat is ervoor nodig dat deze hoeveelheid geld tienvoudig bij mij terugkomt?

Wat vind ik geweldig aan het niet hebben van geld?

Ik ontmoet vaak mensen die klagen dat ze geen geld hebben. Hoe hard ze het ook proberen, ze hebben nooit genoeg. Ze creëren hun leven in feite op basis van "geen geld", in plaats van op iets wat hen vreugde geeft of op wat overeenkomt met de energie van het leven dat ze zouden willen hebben. Is dit ook wat jij hebt gedaan? Heb je "geen geld" gebruikt om jouw leven en de manier waarop je leeft te creëren? Als je merkt dat je "geen geld" hebt, is dat dan omdat je hebt besloten dat geen geld hebben meer waarde heeft dan het wel hebben van geld? Wil je dit veranderen? Vraag dan:

Wat vind ik geweldig aan het niet hebben van geld?

Aanvankelijk kun je geïrriteerd raken door de vraag en je afvragen: "Hoe kan die vraag enige waarde hebben?" of je kunt boos worden en zeggen: "Ik heb geen idee!" Als je desondanks doorgaat iets te creëren wat niet werkt, is er waarschijnlijk iets wat je er geweldig aan vindt. Als je bereid bent je bewust te worden van de waarde die het voor jou heeft, kun je alles veranderen. Het zal je verrassen te ontdekken dat het hebben van geen geld op een vreemde en ongewenste manier werkt. Je zou zomaar een heel andere kijk op jouw financiële situatie kunnen krijgen.

Wat is de waarde van het niet slagen in business?

Zoals ik eerder al aangaf: het zijn de krankzinnige standpunten die je vastzetten. Als jouw bedrijf niet "slaagt" kun je een vraag stellen om de energie te veranderen. Probeer het eens met deze:

+ Wat is de waarde van het niet slagen in business?

Als je bereid bent om het bewustzijn te ontvangen, kun je alles veranderen.

Als geld niet het onderwerp zou zijn, wat zou je dan kiezen?

Laat *geld* of *geen geld* jouw leven niet beheersen. Hoe zou het zijn als je jouw realiteit zou creëren op basis van wat overeenkomt met de energie die je wilt?

Toen ik net begon Access Consciousness cursussen te volgen, hoorde ik over de 7-daagse events die werden gehouden in Costa Rica. Ik wilde heel graag aan één van deze evenementen deelnemen, maar vanuit Australië gezien is Costa Rica ongeveer aan de andere kant van de wereld. Ik *besloot* dat Costa Rica een exotische plek was, die voor ons Australiërs niet gemakkelijk te bereiken was. Het leek me hopeloos om daar ooit naartoe te kunnen gaan. Het leek alsof het veel te veel geld zou kosten. En ik zou een heel andere keuze moeten maken. (Zie je de enorme hoeveelheid vragen die ik stelde? Niet dus!)

Op een dag bekeek ik een aantal foto's die een vriend had genomen op het meest recente 7-daagse event in Costa Rica. Hij merkte dat ik een beetje droevig was. Hij vroeg: "Wat is er?"

Ik zei: "Nou, als ik naar deze foto's kijk, en er is één in het bijzonder die er fantastisch uitziet, denk ik dat ik nooit in staat zal zijn om daarheen te gaan. Ik zal dat nooit kunnen betalen."

Mijn vriend vroeg: "Welke foto vind je zo fantastisch?"

Ik zei: "Deze hier."

Hij lachte en vertelde me dat ik naar een foto keek die was genomen in Darling Harbour in Sydney, Australië. Hij was bij de foto's van Costa Rica terechtgekomen.

Ik zei: "Oh! Van Brisbane naar Sydney is eenvoudig. Daar kan ik komen!"

Terwijl ik dat zei, zag ik dat ik mijn beslissingen en overwegingen over geen geld had toegestaan om mijn leven te beheersen. De waanzin van het nemen van een dergelijke beslissing werd me duidelijk. Ik dacht: "Wat als ik gewoon een keuze zou maken en de eis zou stellen en het geld zou verschijnen?" Dat is precies de manier waarop het werkt. Als je de energie volgt van wat je wenst te creëren en te genereren, en je bent bereid om alles te ontvangen, zal het geld verschijnen. Vraag:

+ Als geld niet het onderwerp zou zijn, wat zou ik dan kiezen?

Tien procent is voor JOU

De Access Consciousness® geld tool waar mensen het meest over klagen, en die voor mij zóveel heeft veranderd, is het wegzetten van 10% van mijn inkomsten. Dat betekent niet dat je deze 10% opspaart voor een tegenslag of tot je een grote rekening krijgt of een goede reden hebt om het te besteden. Het betekent dat je 10% van jouw inkomsten wegzet – en niet uitgeeft - als een manier om jou te eren. Je doet dit voordat je rekeningen betaalt, leningen aflost, of gaat winkelen.

Als je dit geld voor jou opzijzet, laat je het universum weten dat jij waarde hebt. Het universum is als een banket; het wil graag aan je schenken. Je laat zien dat je geld hebt, dat je graag geld hebt, en dat je bereid bent om meer te hebben. Wanneer je dit doet, zal het universum erkennen waar je om vraagt. Het zal je meer geld schenken. Als je dit geld echter uitgeeft, vertel je het universum dat je niet genoeg hebt, zodat je de fondsen moet aanboren die je hebt ingesteld om jou te eren. Je geeft aan dat er minder is, en dat je niet meer kunt creëren. En dat is wat het universum je zal geven - minder.

Ik hoorde Gary en Dain deze techniek uitleggen, en ik dacht dan: "Ja, ja, daar heb je dat 10% ding weer. Bla, bla, bla. Dat extra geld in je portemonnee stoppen dat maakt dat je je een rijk persoon voelt ... ja, ja, bla, bla, bla." Dus ik legde geen 10% apart van wat ik verdiende.

En op een dag vroeg ik me af: "Wat is het ergste wat er kan gebeuren als ik dit zou doen? Dat ik het geld moet uitgeven wat ik opzij heb gelegd. Oké, ik kan er net zo goed voor gaan."

Dus ik probeerde het, en nu doe ik het met plezier! Sommige mensen houden hun 10% als contant geld. Ik houd de mijne graag op een aparte bankrekening. Ik hou ervan om geld over te maken naar deze rekening en het te zien groeien. Ik heb ook goud, zilver en aandelen gekocht voor mezelf, gewoon omdat het leuk is om het te hebben.

Zodra je een bepaalde hoeveelheid geld op jouw 10% rekening hebt, zul je een verandering merken in de manier waarop je met jouw geld omgaat en jouw mate van bezorgdheid erover. De hoeveelheid varieert per persoon. Het kan bijvoorbeeld zijn zodra je een bedrag hebt dat gelijk staat aan wat jij nodig hebt om drie maanden van te leven. Laten we zeggen dat het $ 4000 per maand is. Zodra je $ 12.000 op je 10%-rekening hebt staan, begin je een gevoel van gemak in jouw universum te krijgen. Ergens weet je dat alles goed komt. Je hebt vrede met geld. Dat is deels de bedoeling van jouw 10% rekening. Het neemt je mee naar de plaats waar je weet dat je daadwerkelijk geld *hebt*. Zou je bereid zijn vrede met geld te hebben?

Zet 10% van je inkomsten opzij als een manier om jou te eren, en om aan het universum aan te geven dat je geld hebt, dat je blij wordt van geld en dat je meer wenst te hebben. Geef je 10% niet uit. Kijk in plaats daarvan hoe het groeit en geniet ervan hoeveel geld je *hebt*!

En 10% voor jouw business

Je moet ook 10% opzijzetten van wat je bedrijf omzet. Dat is niet voor jou, het is voor het bedrijf. We leggen 10% opzij van elk bedrag dat binnenkomt bij Good Vibes for You. Dat is voor Good Vibes. Door dat te doen, eren we het bedrijf.

Je zou met een miljoen rechtvaardigingen kunnen komen waarom dit niet voor jou zal werken. Ik vertel je bij deze dat het werkt. Jouw bedrijf heeft een taak uit te voeren. Eer je bedrijf en laat het zien dat het waarde heeft, door 10% opzij te leggen van elk bedrag dat binnenkomt. Doe dit voordat je de rekeningen betaalt. Als je dit doet, beginnen zowel jij als het bedrijf keuzes te maken die zijn gebaseerd op wat expansief zal zijn, in plaats van op: "Hoe gaan we deze rekening betalen?" Het verandert de dynamiek van jouw bedrijf en jouw geldstromen. Probeer het en zie wat er bij jou gebeurt.

Omgaan met financiën

Praktische grondbeginselen

Jaren geleden praatte mijn vader, die een accountant was, tegen me over de boekhouding en het bijhouden van de boeken voor mijn bedrijf. Ik stampte met mijn voeten en zei: "Ik wil dit niet weten! Dit is saai. Ik heb andere dingen te doen."

Hij tekende een grote taartgrafiek, met alle elementen erin die nodig zijn om een succesvol bedrijf te voeren. Het boekhoudkundige gedeelte was vrij groot. Ik zei: "Ik wil al die boekhoudkundige dingen niet doen. Dit is hoe ik de grafiek zou tekenen." Ik maakte een taartgrafiek die ging over de generatieve, creatieve kant van het bedrijf, met slechts een fractie aan boekhouding.

Hij keek naar mijn grafiek en zei: "Ja, maar als je niks van boekhouden weet, zal je bedrijf niet bestaan."

Ik besefte dat hij gelijk had. Je kunt niet vanuit gewaarzijn functioneren in je bedrijf, als je de winst- en verliesrekeningen niet begrijpt of niet weet hoeveel geld er op je bankrekening staat. Je moet wel wat fundamentele, praktische informatie hebben over hoe de dingen financieel gezien werken. Ben jij één van die mensen (zoals ik vroeger), die niks te maken wil hebben met de grondbeginselen van de financiën? Denk je dat het saai is? Denk je dat het te moeilijk is om te leren? Geloof je dat je je daar niet druk over hoeft te maken?

Ben je bereid om een ander standpunt te overwegen? De grondbeginselen van bedrijfsvoering kunnen leuk en creatief zijn, vooral als je vragen gebruikt en de informatie krijgt die je nodig hebt.

Met financieel bewustzijn functioneren

In zaken hoef je niet overal goed in te zijn. Je hoeft niet alles zelf te doen, maar je moet weten wat de inkomsten van de verkoop zijn en wat de uitgaande kosten zijn. Je moet weten wat jouw winst is voor elk van je producten en hoeveel items je elke dag, elke week en elke maand moet verkopen, zodat alle uitgaven gedekt zijn, wat "break-even" wordt genoemd. Je hoeft dit niet noodzakelijkerwijs zelf uit te vinden, je hoeft je er alleen bewust van te zijn. Als je deze dingen niet weet, zul je uiteindelijk jouw bedrijf ruïneren.

Hoe hoog zijn de maandelijkse bedrijfskosten?

Hier is een eenvoudige oefening die je kunt doen om je te beseffen wat er elke maand nodig is om jouw bedrijf te voeren:

1. *Schrijf alle zakelijke kosten op die je hebt gemaakt in de laatste zes maanden (of in het laatste jaar). Hierbij horen ook huur, briefpapier, internetkosten, telefoon, elektriciteit, auto - al het geld dat je met jouw bedrijf hebt betaald. Of vraag je accountant om de winst- en verliesrekening.*

2. *Deel dat bedrag door zes (of door twaalf). Dit zal je een idee geven van wat de maandelijkse kosten zijn.*

3. *Nadat je dat bedrag hebt uitgerekend, tel je 10% van dat bedrag erbij op voor het bedrijf.*

4. *Voeg 10% toe alleen voor jou.*

5. *Voeg nog eens 20% toe voor overige zaken.*

6. Dit zal je aangeven hoeveel je elke maand moet omzetten.

7. Stel vervolgens een eis voor dat bedrag. Als je je niet bewust bent van wat het kost om jouw bedrijf te voeren, zul je beginnen het om zeep te helpen.

In eerste instantie zul je misschien zeggen: "Oh, dit financiële gedoe is te ingewikkeld!" Het is alleen maar een andere taal die je moet leren. Wat als je bereid bent om de taal van geld leren?

Heb je het advies gekregen om de kosten te verminderen?

Eén van de eerste dingen die accountants, die functioneren vanuit contextuele realiteit, vaak doen, is je aanraden om de bedrijfskosten te verlagen. Ik ben het ermee eens dat kijken naar de uitgaven een geweldige manier kan zijn om jouw bewustzijn te vergroten van de financiën in jouw bedrijf. Het kan een goed begin zijn om je af te vragen of de expo die je overweegt te doen, wel noodzakelijk is. Het heeft voor mij echter altijd zwaar aangevoeld om de kosten te verminderen. Het is niet expansief en generatief. "Hoe kunnen we onze zakelijke kosten verlagen?" is een beperkende vraag, gebaseerd op de beslissing dat het nodig is de kosten te verlagen. Het is waarschijnlijk nuttiger om een oneindige en open vraag te stellen. Kijk naar wat je kunt toevoegen, wat je kunt vergroten en wat je kunt uitbreiden met vragen als deze:

+ Hoe kan ik de geldstroom in het bedrijf vergroten? (Zie je het verschil in vergelijking met het schrappen van dingen voor jouw bedrijf?)

+ Is er iets dat ik kan veranderen?

+ Wat zou het vergen van mij om mijn inkomen te verhogen?
+ Wat kan ik nog meer toevoegen aan mijn bedrijf?
+ Wat kan ik toevoegen aan de diensten die ik aanbied?
+ Hoeveel inkomstenstromen kan ik creëren met mijn bedrijf?
+ Welke magie kan ik vandaag in mijn bedrijf uitnodigen?

Ik vraag je ook dringend om het universum om assistentie te vragen. Gebruik het 'energie, ruimte en bewustzijn'-proces dat ik je eerder gaf:

Welke energie, ruimte en bewustzijn kunnen mijn business en ik zijn, die ons toestaan om het universum voor eeuwig in te schakelen? Alles wat niet toelaat dat dat verschijnt, vernietig en ontcreëer dat, maal een godziljoen. Right and wrong, good and bad, POD and POC, all 9, shorts, boys and beyonds.

Heb je werkelijk te veel aan marketing uitgegeven?

Als jouw accountant je adviseert om de kosten te verlagen, zou hij of zij iets kunnen zeggen als: "Je hebt te veel geld uitgegeven aan marketing en reclame. Deze bedragen passen niet bij de opbrengst die je had." Voordat je afstemt op en instemt met deze benadering: kijk er eerst nog eens naar.

Stel dat je deze maand $ 15.000 aan marketing hebt besteed. Waar was dat voor? Was het voor iets dat toekomstige mogelijkheden zal genereren in zes tot twaalf maanden? Of was het alleen voor nu? Stel dat je een expo hebt gedaan en het $ 6000 kostte om te doen. De directe verkopen brachten $ 4500 op. Je kunt ernaar kijken en zeggen: "Dat was een verlies van $ 1500." Maar was het echt een verlies? Ga het niet verkeerd maken. Het universum opent deuren voor je. Zodra je in:

"Ik ben verkeerd" of "Ik heb zojuist geld verloren" komt, sluit je deuren voor toekomstige mogelijkheden en bijdragen.

Voor mij gaat het er niet om dat we ons succes meten op basis van een bepaalde kolom in een spreadsheet. Iemand op de expo had onze flyer kunnen meenemen en kunnen zeggen: "Oh! Ik ga ze bellen!" En het zou kunnen zijn dat ze niet binnen zes maanden bellen. Het kan zijn dat ze je pas na een jaar bellen. Je weet nooit hoe het gaat verschijnen. Vraag:

+ Was die uitgave voor nu of voor de toekomst - of beide?
+ Zal deelnemen aan de expo toekomstige mogelijkheden genereren?
+ Zal deze uitgave geld opleveren voor het bedrijf?
+ Maakt dit dat ik me lichter voel? (Onthoud: de waarheid zal altijd lichter voelen, een leugen zal altijd zwaarder voelen.)

Het draait allemaal om de vraag en het gewaarzijn van wat je creëert en genereert. Dus welke vragen kun je vandaag stellen om de mogelijkheden voor jouw leven, bestaan, realiteit en business te vergroten?

Overal waar je de deuren naar toekomstige mogelijkheden hebt gesloten, en die mogelijkheden hebt vernietigd, ben je bereid om dat te vernietigen en ontcreëren? Alles wat dat is, ga je dat nu vernietigen en ontcreëren, maal een godziljoen? Right and wrong, good and bad, POD and POC, all 9, shorts, boys and beyonds.

Hier zijn nog een paar basisvragen die je kunt gebruiken als je te maken hebt met financiële kwesties, of als je overweegt jouw bedrijf uit te breiden, als je investeringen gaat doen of nieuwe ideeën implementeert.

Overweeg je een investering te doen?

Weet je niet precies hoe je het doen van investeringen in jouw bedrijf moet aanpakken? De hamvraag, wanneer je overweegt een aankoop te doen of een actie te ondernemen om jouw onderneming uit te breiden, is:

+ Als we dit kopen, zal het ons dan geld opleveren, nu en in de toekomst?

Wanneer je deze vraag stelt, zou je alleen "nu" of "de toekomst" kunnen krijgen, of misschien krijg je: "Ja, dit zal ons geld opleveren, nu en in de toekomst." Wat het ook is, je zult meer besef krijgen van wat jouw bedrijf nodig heeft. Als je systemen of procedures of wat dan ook invoert voor nu en in de toekomst, zal de toekomst een stuk makkelijker zijn, omdat je jouw bedrijf uitbreidt en daarmee de geldstromen die kunnen plaatsvinden.

Het mogelijkhedenboek

Als je bent zoals ik, zul je altijd nieuwe business ideeën krijgen, en soms zul je niet weten welke ideeën op te volgen - of wanneer. Moet je er nú voor gaan of is het beter om te wachten? Gary Douglas heeft altijd voorgesteld om een klein notitieboekje te kopen en alle zakelijke ideeën op te schrijven als ze je te binnen schieten. Hij noemt het een mogelijkhedenboek. Bij elk idee vraag je:

+ Waarheid, is dit voor nu of voor de toekomst?

Als je de energie van jouw gewaarzijn volgt, zul je weten of de tijd rijp is om gevolg te geven aan jouw idee, of dat je het moet bewaren voor een later tijdstip.

Misschien is het een goed idee, maar is het nu niet de tijd om het uit te voeren. Zodra je hierover enige duidelijkheid hebt, kun je vragen blijven stellen, en wachten tot het juiste moment. Dit is ook een fantastische vraag om te gebruiken wanneer iemand een idee heeft over hoe je jouw bedrijf kunt uitbreiden, of wanneer je overweegt om een nieuw product of een nieuwe dienst toe te voegen. "Nu of in de toekomst?" is behulpzaam, omdat mensen vaak nieuwe ideeën vernietigen als ze niet onmiddellijk het nut ervan inzien. Beloof me dat je geen toekomstige mogelijkheden zult vernietigen!

Hier zijn een paar andere vragen die je kunt stellen om het juiste moment te bepalen om jouw ideeën uit te voeren:

+ Laat me weten wanneer ik jou zou moeten gebruiken.
+ Laat me weten wanneer ik jou zou moeten verkopen.
+ Laat me weten wanneer ik jou zou moeten presenteren.

Ongeveer drie jaar geleden kwam ik met een aantal mensen in Access Consciousness bijeen om te praten over het creëren van een Access kamp voor kinderen. We werkten samen met een zeer getalenteerd persoon, die ervaring had met het creëren van kampen voor kinderen, en we onderzochten het onderwerp uitgebreid. We leerden van alles over de juridische aspecten, we hadden een geweldige website, we hadden mooie brochures en we hadden mensen die in de rij stonden om de leraren in het kamp te zijn. Het was geweldig, maar we hadden geen kinderen. De kinderen waren het ontbrekende element. Een paar mensen begonnen met: "Oh nee, dit werkte niet." Daar ging het niet om. De vraag was: "Wanneer is het tijd voor deze kampen?" Pas nu, drie jaar later, is het mogelijk om dit project tot wasdom te laten komen. We kunnen al het briljante materiaal gebruiken dat we hebben gemaakt, want nu is de tijd rijp. Vernietig jouw project niet. Het kan simpelweg niet het juiste moment zijn om het te verwezenlijken. Gebruik vragen om erachter te komen wanneer je je ideeën kunt najagen.

Het gaat er niet om om iets te vermijden.

Met gewaarzijn kun je van alles veranderen.

Verbinders, bewegers, creators en grondleggers

Wanneer je zakelijke partners, aannemers, werknemers of anderen kiest om samen met jou in jouw bedrijf te werken, is het nuttig om te begrijpen dat er vier hoofdtypen mensen zijn: verbinders, bewegers, creators en grondleggers. Als je weet welk type jij bent, kun je veel makkelijker kiezen wat jij gaat doen in jouw bedrijf, en kun je de juiste mensen vinden om je te assisteren op andere gebieden.

Verbinders zijn mensen die graag met iedereen te praten. Hun specialiteit is het leggen van verbindingen. Het is hun talent en vermogen om te weten met wie ze moeten praten, wanneer ze met hen moeten praten en wat ze moeten zeggen. Verbinders hebben vijftig miljoen telefoonnummers in hun telefoonboek, en wanneer je iets nodig hebt, zeggen ze: "Ik weet wie je moet bellen." Ik kan een naam noemen van iemand in elke branche en een verbinder zal zeggen: "Ja, dat is een maat van mij!"

De kracht van een verbinder is het praten met mensen. Dat is wat je een verbinder vraagt om te doen - te verbinden. Ze zijn goede verkopers en ze zijn geweldig aan de telefoon. Verbinders zullen met iedereen praten over alles, en ze zijn van essentieel belang voor het succes van jouw bedrijf.

Soms komen verbinders bij je, betalen je voor jouw product of dienst, en vertellen dan tegen iedereen die ze kennen hoe

127

geweldig je bent. Je hoeft ze niet eens in te huren. Ze willen dat iedereen over jou hoort. Als gevolg daarvan verdienen veel verbinders geen geld voor de verbindingen die ze leggen. Ze verbinden gewoon mensen met elkaar, want dat is wat ze doen! Stel dat je een kapper bent, en één van jouw klanten dweept continu met je, waar ze ook maar naartoe gaat; de supermarkt, een familiebijeenkomst of een feest. Ze vertelt anderen: "Je moet naar deze kapper gaan. Ze is geweldig!" Dat is een verbinder. Jouw klant betaalt je om haar haren te knippen, en zij legt connecties voor jou. Verbinders doen dit graag, omdat het leggen van connecties ze zoveel vreugde geeft.

Bewegers zijn mensen die weten hoe je een bedrijf runt. Ze zijn energiek en ambitieus, en bovenal zijn het futuristen. Hun specialiteit is te weten wat er vandaag gedaan moet zijn om het bedrijf morgen te laten groeien. Een beweger kijkt naar de mogelijkheden en vraagt: "Wat is het volgende dat er nodig is?" Als je een conventie organiseert, een feest of een class, is een beweger degene die de zaal zal boeken, zorgt dat de flyers zijn gedrukt en zorgt dat er voor iedereen genoeg stoelen zijn. Hun talent en vermogen is om te zien wat er nodig is en ervoor te zorgen dat het er is. Ze lopen tien, twintig of vijftig stappen vooruit op wat er gaande is.

Bewegers zorgen voor een flow en een gevoel van gemak voor jouw bedrijf en projecten. Stel dat je deelneemt aan een beurs. Een beweger zal van tevoren precies weten wat er nodig is om alles op te zetten en te kunnen werken op de beurs. Dat is de sleutel. Ze denken vooruit. Ze zullen niet op de beurs aankomen en zeggen: "Oh nee! Ik ben vergeten om het product mee te nemen!" Ze weten precies wat er een maand of twee maanden of een week van tevoren nodig is. Het is bijna alsof ze gedachten kunnen lezen. Goede bewegers zijn in de vraag wat er nodig is voor de toekomst en dan checken ze het nog eens en vragen: "Hoe gaat het vandaag?"

Creatoren zijn altijd op zoek naar wat er mogelijk is. Het zijn de dromers en de zieners. Zij zijn degenen die met ideeën komen. Ze zijn altijd op zoek naar de energie van wat er te genereren valt in het leven. Creatoren leven vanuit vragen als: "Wat is er mogelijk? Welke keuzes heb ik? Wat kan ik bijdragen?" Hun talent en vermogen is om te zien wat er mogelijk is in business en in het leven. Een creator is iemand die altijd met een miljoen ideeën komt. Dat is waarom het opschrijven van al jouw ideeën in een mogelijkhedenboek zo effectief is.

Onlangs was ik in gesprek met een man die zei: "Soms krijg ik een idee voor een bedrijf. Ik kan het begin zien en hoe het er in de toekomst uit zou kunnen zien, maar dan heb je het stuk ertussenin, dat gaat over hoe het tot stand komt. Dat kan ik niet zien. Ik hou ervan het idee te hebben en de visie van hoe het eruit zal zien, maar ik heb geen idee hoe ik het kan verwezenlijken."

Dit is een geweldig voorbeeld van een creator die een beweger nodig heeft. Ik vroeg: "Wat als je er iemand bijhaalt die alle dingen daartussenin kan doen? Er zijn mensen die graag alles op zijn plaats brengen om te zorgen dat het bedrijf kan ontstaan en bestaan." Sindsdien werkt hij samen met een fantastische beweger, die hem helpt om zijn ideeën uit te voeren, en zijn nieuwe bedrijf is goed op weg.

Grondleggers hebben alle vermogens van verbinders, bewegers en creatoren gecombineerd. Ze zijn geweldig op alle drie de vlakken. Een fundament persoon kan op zichzelf staan en alle rollen vervullen. Ze zijn fantastische coördinatoren, omdat ze het bewustzijn hebben hoe te verbinden, hoe te bewegen en hoe te creëren. Zij zien alle aspecten van een bedrijf, ze weten wat er nodig is op elk gebied en ze werken op een effectieve manier met mensen samen om ervoor te zorgen dat alle benodigde elementen voor een succesvol bedrijf aanwezig zijn.

Wie zijn de verbinders, bewegers en creatoren in jouw leven?

Ik hoop dat je, terwijl je leest, denkt aan de mensen die je kent en die overeenkomen met de beschrijvingen van de verbinders, bewegers en de creatoren. Je zou kunnen zeggen: "Oh, ja, die vrouw praat altijd over mijn producten, en ik heb haar niet eens ingehuurd." Oh! Wat als verbinders, bewegers en creatoren niet eens bij jou in dienst hoeven te zijn? Wat als het gewoon mensen zijn die bijdragen aan jouw bedrijf? Dat zijn ze namelijk! Wat zou er gebeuren als je bereid zou zijn om verbinders, bewegers en creatoren altijd en overal vandaan te ontvangen?

Welke van de drie ben jij?

Om meer duidelijkheid te krijgen over of jij een beweger, een verbinder of een creator bent, vraag je:

+ Wat doe en ben ik het liefst binnen het bedrijf?

Ieder type is essentieel voor jouw bedrijf

De verbinder, de beweger en de creator zijn allemaal even belangrijk. De ene is niet waardevoller of beter dan de ander. Allemaal hebben ze talenten en vaardigheden die nodig zijn om een bedrijf met succes en soepel te laten draaien, met gemak en vreugde. Geen van hen is speciaal en allemaal zijn ze speciaal. Als je niemand met de vaardigheden van een sterke verbinder, beweger en creator in je bedrijf hebt, zul je de elementen om succesvol te zijn niet op hun plek hebben. (Dit is trouwens ook het geval in je relatie. Een succesvolle relatie vereist ook partners met de gecombineerde vaardigheden van verbinders, bewegers en creatoren.)

„Ik ben alleen maar een verbinder!"

Laten we zeggen dat je hebt ontdekt dat je een verbinder bent. Je vraagt je misschien af, net zoals een vriend van mij: "Hoe kan ik een succesvol bedrijf hebben als ik alleen maar een verbinder ben?" Het antwoord is simpel: je hoeft niet alles zelf te doen! Doe dat wat jou vreugde brengt. Vraag:

◆ Wie moet er nog meer meedoen om te genereren wat er nodig is?

Of misschien kun je een bedrijf opzetten dat te maken heeft met het leggen van verbindingen. Ik vroeg mijn vriend: "Wat als jouw business het leggen van verbindingen is? Wat als jouw bedrijf gaat over dat wat jij bent?" Als je een verbinder bent, kun je er je business van maken om mensen met elkaar in contact te brengen. Kijk naar craigslist. Hij is een verbinder. Kijk naar angieslist. Zij is een verbinder. Dat is wat ze doen, ze verbinden mensen met elkaar, en ze verdienen er geld mee.

„Ik ben een verbinder, maar ik haat het om mezelf te promoten!"

Zelfs als je een verbinder bent, kan het nodig zijn om een andere verbinder te zoeken om je te helpen jou te promoten, omdat veel mensen (zelfs verbinders) zelfpromotie moeilijk vinden. Misschien moet je iemand vinden die heel handig is met social media, om je te helpen jouw bereik groter te maken. Of misschien moet je een social media-bedrijf inhuren, dat voor jou over de hele wereld connecties legt. Vraag:

Wie of wat moet ik toevoegen aan het bedrijf?

Het idee achter deze informatie is om je gewaar te zijn van wat jij en anderen makkelijk vinden, waar jij en anderen fantastisch in zijn, en om van ieders capaciteiten zo optimaal mogelijk gebruik te maken, wat meer plezier in business zal creëren.

Wat zijn de oneindige mogelijkheden?

Mensen inhuren voor jouw bedrijf

Een paar praktische uitgangspunten

Als het tijd is om iemand voor jouw bedrijf in te huren, vraag dan niet gewoon of er een werknemer wil opduiken. Vraag om iemand die meer is dan een werknemer. Vraag om iemand die zo'n grote bijdrage is aan jouw bedrijf, dat het je stoutste dromen overtreft, en die tegelijkertijd zichzelf daarmee helpt. Vraag om iemand die een grotere werkelijkheid in jouw bedrijf wil realiseren.

Ik ben niet altijd zo te werk gegaan. Jaren geleden, voordat ik wist dat mijn bedrijf een aparte entiteit was, en ik dacht dat ik de eigenaar was, had ik het standpunt dat niemand iets zo goed kon doen als ik. Dus raad eens wat voor soort medewerkers ik inhuurde? Verrassing! We creëren onze eigen werkelijkheid. Dus niemand die ik inhuurde, kon de dingen zo goed doen als ik.

Ik hield vast aan mijn idee dat ik de enige was die mijn zaken kon doen, en tegelijkertijd hield ik de touwtjes heel strak in handen. Veel ondernemers vliegen het zo aan. Ze willen niets loslaten. Het probleem hiermee is dat wanneer je iets heel strak vasthoudt, je hand gesloten is. Je kunt niets anders ontvangen. In één van de Star Wars-films is er een scène waarin een personage vasthoudt aan een universum, en een ander personage zegt tegen hem: "Als je dat universum niet laat gaan, kun je alle andere universa niet ontvangen." Wanneer je de controle loslaat, kan iets veel groters zich aandienen, voor jou en jouw bedrijf. Dus als het tijd is om iemand in te huren, vraag ik om samen kunnen te werken met mensen die meer weten dan ik.

Als een bepaald onderdeel voor jou niet leuk is om te doen, of je bent ergens gewoon niet goed in, vind dan iemand die dat wel met plezier doet. Ik kan bijvoorbeeld met elke man, vrouw of kind over ieder onderwerp praten, maar verbinden is niet wat ik leuk vind. Ik geef er de voorkeur aan een creator of een beweger te zijn. Met Good Vibes for You hebben we nu iemand in de verkoop werken, die zoveel beter is dan ik. Er stroomt geen bloed door zijn aderen; hij heeft verkoop-vibes. Waarom zou je geen mensen inhuren die dingen beter kunnen dan jij? We hebben ook iemand in dienst die heel graag de boekhouding doet. Haar houding is: "Mag ik dit doen, alsjeblieft?" Mijn antwoord is: "Natuurlijk!" Ze doet de boekhouding beter dan ik, omdat ze ervan houdt om het te doen.

Door iemand in jouw bedrijf uit te nodigen voor de dingen waar jij niet van houdt, draag je bij aan het bedrijf. Je bent onaardig voor jouw bedrijf als je de bijdrage niet toelaat van iemand die er echt van geniet om het werk te doen dat gedaan moet worden. Als er heel competente mensen werkzaam zijn in jouw bedrijf, zou dat het bedrijf laten uitbreiden, of zal dat het kleiner maken? Het zal het groter maken!

Inhuren

Hier zijn een paar vragen die je kunt gebruiken als je overweegt om iemand in te huren:

+ Waarheid, zal deze persoon geld opleveren voor het bedrijf, nu en/of in de toekomst?

Misschien krijg je een *nee*. Trek dan niet gelijk de conclusie: "Oh, ik kan deze persoon niet inhuren." Vraag in plaats daarvan:

+ Waarheid, zal deze persoon op de één of andere manier iets toevoegen aan het bedrijf?

Je zult de gewaarwording ontvangen door middel van een energetische respons, en van daaruit kun je kiezen. Onthoud: keuze creëert bewustzijn.

Sollicitatiegesprekken

Als je een sollicitatiegesprek voert, probeer dit dan eens:

+ Zeg "waarheid" in je hoofd, en vraag dan hardop:
+ Wat is dat ene ding dat ik je niet heb gevraagd, dat ik over jou zou moeten weten?

Waarheid is een universele wet. Als je 'waarheid' vraagt, voordat je een vraag stelt, moeten mensen je de waarheid vertellen. Zij zullen dingen zeggen als: "Soms kom ik te laat" of "Ik hou er eigenlijk niet zo van om de telefoon op te nemen." Ze zullen je vertellen wat ze niet leuk vinden, en dan zullen ze (tegen zichzelf) zeggen: "Waarom zei ik dat nou?" Het heet manipulatie, en het is leuk!

Dingen die je te weten wilt komen over mogelijke zakenpartners of medewerkers

Hier zijn een paar dingen waar je naar wilt kijken als je over-weegt om in zee te gaan met zakenpartners of medewerkers:

+ Hebben ze een mentaliteit van armoede? Huur geen mensen in die armoede als hun realiteit hebben. Dat zal niet werken als je probeert geld te verdienen, omdat ze er-voor zullen zorgen dat je niet eens genoeg geld verdient om hen te kunnen betalen.

+ Hebben zij of hun familie ooit geld gehad? Mensen die geld hebben gehad, verwachten geld te hebben. Zij zullen geld gaan creëren voor jou, want geld is onderdeel van hun werkelijkheid. Ze verwachten het te hebben.

+ Houden ze van geld? Zelfs wanneer zij uit armoede komen, als ze van geld houden, zullen ze geld verdienen voor jou en voor zichzelf, juist omdat ze van geld houden.

+ Hebben zij het standpunt dat ze moeten vasthouden aan alle spullen in hun huis die geen nut hebben? Als ze dat doen, moet je weten dat ze waarschijnlijk nooit geld zullen hebben, omdat ze vasthouden aan wat ze hebben, alsof dat alles is wat er is. Maak een ritje in hun auto. Als hun auto vol ligt met rotzooi, zijn ze een puinhoop en zullen ze nooit geld voor jou verdienen.

+ Zijn ze slim en bewust? Hebben ze gevoel voor humor? Je moet werken met mensen die jou mentaal in beweging kunnen houden. Als je iemand inhuurt die niet genoeg intelligentie of bewustzijn heeft, zullen ze heel snel op je zenuwen gaan werken.

Business gecreëerd vanuit bewustzijn
is het plezier met business…
het is business op een andere manier.

Bekrachtigen vs. micro-management

veel mensen die ik spreek, zijn bezorgd over het inhuren van personeel. Ze maken zich zorgen: "Zal ik de mensen vinden die geschikt zijn? Moet ik ieder klein detail aan ze uitleggen? Zullen ze alleen maar halfslachtig werk leveren en moet ik het dan opnieuw doen? Als dat zo is, doe ik uiteindelijk twee keer zoveel werk! Hoe kan ik controle uitoefenen om er zeker van te zijn dat alles in orde komt?"

Ik zeg: "Probeer niet om de dingen te beheersen." Je moet bereid zijn om de leider van jouw bedrijf en van jouw leven te zijn. Leiders zijn mensen die weten waar ze naartoe gaan, en ze gaan daarheen, ongeacht wat ervoor nodig is. De leider te zijn van jouw bedrijf hoeft niet te betekenen dat je de baas speelt of alles moet controleren. Het zou kunnen betekenen dat je de mensen die voor je werken, uitnodigt om hun inbreng te geven. Het zou kunnen betekenen dat je van ze verwacht dat ze zelfstandig keuzes maken.

Micro-managen geeft aan dat je, als zakelijk leider, jouw gewaarzijn kleiner maakt en dat je focust op de gedachte dat de dingen er op een bepaalde manier moeten uitzien. Het probleem hiermee is dat een bedrijf nooit groter wordt door gedachten; die zullen het klein maken, wat het *micro*-gedeelte is van *micro-managen*. Als je micro-management doet, ga je op in je gedachten en verwachtingen en laat je de mogelijkheden achter je. Je houdt de teugels van je medewerkers heel strak. Je hebt de neiging om boven hen te gaan staan, ze in de gaten te houden en ze dingen mee te delen.

Dit is geen werkbare benadering. Als je merkt wat het doet met jouw bedrijf—en met je medewerkers—als je dit doet, zul je waarschijnlijk opmerken dat de energie stopt met stromen. De geldstromen verminderen, dingen beginnen zich samen te trekken en er is niet veel plezier. Dat is omdat jij aan alles vasthoudt. Jij doet business vanuit conclusie, controle en oordeel, in plaats van vanuit gewaarzijn, vraag, keuze en oneindige mogelijkheden.

Als je iemand bekrachtigt, is dat een bijdrage aan de persoon en aan jouw bedrijf. Je staat toe dat de bijdrage zich kan tonen aan jou en ook aan hen. Als jij vragen stelt aan je personeel en functioneert vanuit een ruimte van gewaarzijn, in plaats van vanuit de vastigheid van antwoorden, creëer je een energie van bekrachtiging die door het hele bedrijf heen gaat, die mensen in staat stelt om alles te zijn wat ze kunnen zijn.

Bekrachtig anderen om te doen waar ze goed in zijn

Bekrachtig jouw personeel om die dingen te doen waar ze goed in zijn. Mensen houden ervan om hun eigen banen te creëren. Als ze doen wat ze graag doen, wordt het werk een uitnodiging; het wordt plezierig, en dat draagt bij aan de groei van jouw bedrijf. Iedere medewerker heeft een ander perspectief. Als ik een kamer vol mensen zou hebben, en ik zou iedereen vragen om een bepaalde klus te doen, zou elke persoon de taak anders uitvoeren. Zo ziet groei eruit. Het betekent dat iedereen ideeën heeft over hoe dingen moeten worden gedaan, waar jij misschien nooit op zou zijn gekomen. Hoe zou het zijn als jij het verschil dat iedereen is, zou ontvangen?

Hoe zou jij het doen?

Anderen bekrachtigen om te doen wat ze wensen, creëert een heel andere energie dan hen te vertellen wat ze moeten doen. Als één van mijn medewerkers me vraagt hoe ze iets moeten doen, antwoord ik meestal met: "Hoe zou jij het doen?" Door het stellen van deze vraag kun je hun perspectief ontvangen.

Een tijdje terug had ik een bespreking met iemand die voor ons werkt. Hij vroeg: "Kun je me een indicatie geven van wat jouw prioriteiten zijn?"

Ik vroeg: "Nou, waar werk je aan?"

Hij noemde vijf verschillende dingen waaraan hij werkte.

Ik vroeg: "Wat zou je willen doen?"

Hij zei: "Ik zou graag aan deze dingen werken, omdat ik de dingen die kant op zie gaan."

Ik zei: "Fantastisch, doe dat maar."

Later die dag stuurde hij me een e-mail, waarin hij zei: "Dankjewel dat je mij mijn eigen prioriteiten hebt laten kiezen."

Als ik hem had gevraagd iets te doen dat hij niet wilde doen, had hij het dan goed gedaan? Zou hij het snel hebben gedaan? Zou hij het met enthousiasme hebben gedaan? Waarschijnlijk niet. Ik vond het goed dat hij een paar taken waarvan ik vond dat hij ze zou moeten doen, niet zou doen, omdat ik weet dat als hij doet wat hij graag doet, en die dingen belangrijk vindt, hij ze goed zal doen en meer zal bijdragen dan ik ooit van hem zou kunnen vragen.

Als je functioneert vanuit een positie waar je geen opdrachten geeft, nodig je bijdragen uit en creëer je meer groeiende energieën in jouw bedrijf. Stel je medewerkers vragen als:

+ Wat zou jij kunnen bijdragen aan dit project?
+ Welke ideeën heb jij?
+ Hoe zou jij precies willen dat dit eruit gaat zien?
+ Wat betekent dit precies voor jou?

Gebruik het woord *precies* of *exact* in jouw vragen. Het maakt dat de persoon gaat bepalen wat waar is voor hem of haar, en het geeft jou meer informatie en gewaarzijn over wat deze persoon wel en niet zal doen.

Als je anderen op deze manier bekrachtigt, open je de deur naar hun vraag: "Wat kan ik bijdragen?" Dit is een grote factor voor het succes van een bedrijf. (Trouwens, als je anderen om hun input of ideeën vraagt, betekent dat niet dat je ze moet implementeren; het betekent eenvoudigweg dat je meer informatie hebt en een breder perspectief.) Als je bereid bent om hun bijdragen te vragen en te ontvangen, zal er zoveel meer voor jou verschijnen, en voor hen.

Anderen bekrachtigen te doen wat ze graag willen doen, creëert een heel andere energie dan hen te vertellen wat jij wilt dat ze doen.

Afspraak en levering

Veel mensen geloven dat als ze aardig en vriendelijk zijn, anderen aardige en plezierige dingen aan ze zullen geven, en dat ze zullen krijgen wat ze wensen. Ze denken dat "Behandel anderen zoals je zelf wilt worden behandeld" echt werkt. Of ze denken: "Als ik aardig genoeg of goed genoeg ben, of als ik alles op de juiste manier doe, zal alles fantastisch uitpakken." Niet dus! Als je deze benadering hebt geprobeerd, heb je waarschijnlijk ontdekt dat het niet werkt. Als je functioneert vanuit "behandel anderen…" kijk je niet naar wat er werkelijk zal gaan gebeuren. Je hebt de fantasie dat de uitkomst beter gaat zijn dan dat hij kan zijn. Je gelooft dat wat iemand zal leveren beter is dan wat ze in werkelijkheid zullen leveren.

Wat is de afspraak?

In plaats van zaken te doen vanuit fantasieland, nodig ik je uit om een benadering te gebruiken die we afspraak en levering (*deal and deliver*) noemen. Het draait erom te weten waarnaar jij verlangt en wat jij nodig hebt, om het stellen van vragen en herkennen wat de ander kan en zal leveren. Het stelt je in staat de fantasieën te omzeilen die jij hebt en die de ander heeft, zodat je kunt bekijken wat de afspraak is en wat er van beide kanten moet worden geleverd.

Elke keer dat ik een contract of wat voor afspraak dan ook maak met iemand, vraag ik: "Wat is de afspraak? Wat verlang je precies van me en wat heb je van me nodig? Wat moet ik leveren? Wat precies ga jij leveren?" Vragen zijn van groot belang voor duidelijkheid. Als je alleen maar meldt wat *jij* nodig hebt, veronderstel je dat de ander je hoort. Dat is altijd een vergissing. Je moet duidelijk zijn over wat jij nodig hebt en wat jij zal leveren, en je moet duidelijk zijn tegen de ander over wat hij of zij precies gaat leveren. Wat zie jij als de afspraak? Wat zien zij als de afspraak? Je moet vragen stellen als:

+ Wat is de afspraak?
+ Wat ga jij aan mij (op)leveren?
+ Ga je leveren wat ik wil?
+ Vraag ik iets dat jij niet kunt leveren?
+ Wat zijn de voorwaarden hier precies?
+ Wat zijn de conditites?
+ Wat verlang je precies van mij en wat heb je precies nodig van mij?
+ Wat moet ik leveren om te krijgen wat ik wil?
+ Kan ik leveren wat jij wilt?
+ Wat moet ik hier weten?
+ Is er iets dat ik niet bereid ben te vragen?

Geld

De benadering van afspraak en levering is helemaal belangrijk als het om geld gaat, want mensen zijn geneigd om vaag te doen over geld. Ze zijn nooit duidelijk. Ze creëren verwarring, zodat je geen idee hebt wat ze jou zullen gaan berekenen, hoe iets eruit gaat zien of wanneer het gaat worden geleverd. Ik ben nooit vaag over geld. Ik ben zeer exact. Ik wil absolute duidelijkheid. Ik gebruik vragen zoals:

+ Wat bedoel je?

* Hoe gaat dat er exact uitzien?
* Hoeveel gaat me dat precies kosten?

Ik vraag altijd om de exacte bedragen. Op die manier kunnen ze later niet bij me aankloppen en zeggen: "Oh, we hebben het niet gehad over de extra's die moesten worden gedaan."

Als je wilt weten wat er gaat gebeuren,
moet je vragen stellen.

Zullen ze leveren?

Als iemand iets zegt als: "Ik zou graag met je willen werken," kom er dan achter wat ze bedoelen. Ze kunnen denken dat ze met je willen reizen (op jouw kosten) en in ruil daarvoor zullen ze je koffers dragen. Dat is waarschijnlijk niet wat jij nodig hebt!

Stel dat je iemand inhuurt om je hond uit te laten. Wat je wilt vragen, is:

* Wat verwacht jij te zullen leveren?
* Wanneer ga je de hond uitlaten?
* Hoe ziet dat eruit?
* Hoeveel dagen per week ga je dat doen?

Neem niet aan dat ze de hond zullen uitlaten zoals jij dat doet. Ontdek wat er in hun hoofd omgaat. Als je werkt met afspraak en levering, kun jij duidelijkheid krijgen over wat jij verlangt en je kunt ontdekken of de andere persoon wel kan leveren wat jij verlangt. Zal diegene doen wat je hem vraagt te doen? Zal hij leveren wat jij wilt? Wees bereid om te kijken naar wat er gaande is, en vraag dan: "Gaat deze persoon leveren wat ik verlang?"

Als iemand aanbiedt om iets voor je te doen, zeg dan: "Dat is geweldig. Wat is de afspraak? Wat wil je hiervoor hebben?" Laat niemand iets voor je doen, om vervolgens als het klaar is, je een rekening te presenteren die veel hoger is dan je verwachtte. Vraag ze vooraf: "Oké, wat is de afspraak?" Jij hebt duidelijkheid. Zij hebben duidelijkheid.

Confronteer nooit

Een goede vriend van me wilde iets gedaan hebben in zijn bedrijf. Hij vond een dame die zei dat ze zou leveren wat hij nodig had. Hij dacht dat ze een afspraak hadden over wat het zou kosten. Zij had echter iets totaal anders begrepen. Ze stuurde hem een rekening die vier keer zo hoog was als hij had verwacht. Hij was boos en wilde de dame ermee confronteren dat zij niet had geleverd wat ze hadden afgesproken.

Zijn idee was: "Als ik je hiermee confronteer, zul je zien dat je fout zat." Het enige probleem met deze benadering is dat een confrontatie nooit werkt. Als je iemand confronteert of tegen hen ingaat, moeten zij automatisch de positie gaan verdedigen die ze hebben gekozen. Mensen kunnen alleen kijken vanuit hun eigen positie. Ze kunnen niet kijken vanaf de plek waar jij kijkt. Niemand zal jouw standpunt ooit volledig begrijpen of zijn standpunt veranderen, omdat jij uitdrukking hebt gegeven aan jouw standpunt. Waar het op neerkomt, is dat als je anderen confronteert, ze in rechtvaardiging en verdediging zullen schieten.

"Ik ben in de war. Kun je me hiermee helpen?"

Als ik met iemand ga praten als er iets aan de hand is, vermijd ik het om de confrontatie aan te gaan. Het eerste dat ik zeg is:

+ Ik ben in de war. Kun je me hiermee helpen?

Ik neem de positie in dat ik hulp nodig heb. Ik heb iets gemist. Ik ben iets kwijt. Ik begrijp iets niet. Als je dat standpunt inneemt, zal de ander altijd proberen de ontbrekende delen in te vullen. Ze zullen proberen je te helpen en zullen aan je bijdragen. De zachtere aanpak laat meer informatie naar boven komen. Het enige waarnaar je op zoek bent, is duidelijkheid en gewaarzijn; het gaat niet om goed of fout of winnen of verliezen.

Ik raakte onlangs zeer geïrriteerd toen ik een e-mail ontving van iemand met wie ik werk. Het leek mij dat hij onbeleefd was tegen iemand anders. Ik confronteerde hem hier niet mee, noch vroeg ik hem uit te leggen wat hij had geschreven. In plaats daarvan zei ik: "Ik begrijp dit niet. Kun je me hiermee helpen?" en door dat te doen, kwam ik erachter dat hij niet echt het vermogen had om datgene te doen, waarvan ik dacht dat hij het kon. Nu ik die informatie heb, kan ik iemand anders vinden die in staat is om te leveren wat nodig is, zonder dat er iemand overstuur hoeft te raken, zonder confrontatie of rechtvaardiging. Deze benadering maakt het mogelijk dat oneindige mogelijkheden zich kunnen laten zien. Dat is zoveel expansiever en ruimer dan iemand te confronteren, of je niet gewaar te zijn van een situatie die jouw aandacht vereist. In feite gaat het dus over meer gewaarzijn.

De enige keer dat confrontatie nuttig zou kunnen zijn, is als je iemand wilt laten inzien dat ze zullen verliezen als ze blijven kiezen wat ze kiezen. Sommige mensen kiezen er bijvoorbeeld voor om vaag te zijn als het over geld gaat. Ze willen een situatie creëren waar jij onduidelijkheid hebt over wat iets gaat kosten, zodat zij kunnen "winnen". De verwarring die ze creëren, helpt om hun misleiding te handhaven. Als dit gebeurt, kan het helpen om met een bepaalde intensiteit te zeggen: "Ik begrijp niet wat je wilt. Waar de *#@! vraag je om?" Dat kan verduidelijken wat de afspraak echt is.

Rechtvaardig nooit

Als je anderen vraagt iets te leveren, kun je in de verleiding komen om uit te leggen of te rechtvaardigen waarom je het op een bepaalde manier geleverd wilt hebben. Je zou het idee kunnen hebben dat uitleggen waarom je iets op die manier gedaan wilt hebben, je zal helpen om te krijgen wat je wilt; je zou bijvoorbeeld kunnen zeggen: "Ik wil deze flyer geprint hebben op dik papier van hoge kwaliteit, want ik wil dat ons bedrijf overkomt als een zeer succesvolle organisatie die dingen op de best mogelijke manier doet." Als je probeert om anderen te laten begrijpen wat je kiest, rechtvaardig je elke actie die je neemt. Ga niet rechtvaardigen of uitleggen. Zeg gewoon wat waar is voor jou. Dat is: "Ik wil deze flyer geprint hebben op dik papier van hoge kwaliteit."

Of het nou je bedrijf betreft of je persoonlijke relaties, vertel anderen gewoon precies wat je nodig hebt. Zeg: "Dit is wat ik nodig heb om deze relatie te laten werken." Het is niet: "Liefde overwint alles." Het is niet: "Als ik ze de liefde geef die ze nodig hebben, zal alles goedkomen." Dat is functioneren vanuit een fantasiewereld. Heb het lef om bewust aanwezig te zijn en aan de fantasie voorbij te gaan. Dit zal je in staat stellen om te creëren wat je verlangt. Als je rechtvaardigt wat je nodig hebt, probeer je eigenlijk om de ander te confronteren, zonder hem direct te confronteren.

Rechtvaardigen werkt niet, want er is geen enkele manier waarop de ander jouw persoonlijke logica kan volgen. Men zal niet in staat zijn jouw standpunt te zien, want ze hebben hun eigen standpunt. Ze moeten of bevechten wat jij zegt, of hun standpunt opgeven en jou gelijk geven. Geen van beide draagt bij aan hun vermogen om te leveren wat jij graag zou willen.

Dit is wat ik nodig heb. Kun je dat leveren?

In plaats van te rechtvaardigen wat je nodig hebt, wat zegt: "Ik heb gelijk in mijn keuze en ik wil dat je het op mijn manier ziet", zeg gewoon: "Ik kies dit, omdat dit is wat ik nodig heb." Dat is alles. Er is geen uitleg of rechtvaardiging nodig. "Dit is wat ik nodig heb. Kun jij het leveren?" De andere persoon begrijpt dan wat hij moet doen om de overeenkomst te laten werken, en hij kan ervoor kiezen om te leveren wat jij nodig hebt, of niet.

Zoek nooit goedkeuring

Hetzelfde geldt ook als je goedkeuring van anderen probeert te krijgen voor wat jij nodig hebt. Doe geen moeite! Het gaat niet gebeuren. Wees in plaats daarvan helder en nauwkeurig in jouw communicatie en kom erachter wat de afspraak is. Vertel gewoon duidelijk wat je nodig hebt. Krijg helderheid over wat de andere partij nodig heeft. Stel vragen en wees je bewust van wat zij wel en niet kunnen leveren.

Confronteer nooit, rechtvaardig nooit
en zoek nooit naar goedkeuring.

Vertrouwen op wat je weet

En de informatie krijgen die je nodig hebt

In het bedrijfsleven is het belangrijk om te vertrouwen op wat je weet. Wie weet het het beste? Jouw accountant? Je advocaat? Iemand in jouw branche? Nee. Dat ben jij! Stel je voor hoe je bedrijf zou zijn als jij jezelf vertrouwde. Zou er meer geld of minder geld zijn? Zou het leuker zijn of minder leuk?

Ik ken een vrouw die een bedrijf heeft met haar man en nog een andere man die zichzelf als een business expert ziet. Hoewel zij en haar man de eigenaren zijn van het bedrijf, heeft de andere man een zeer uitgesproken mening over de manier waarop dingen moeten worden gedaan. Ze zei eens tegen mij: "Het is net alsof hij altijd op zoek is naar een verklaring voor mijn redenen om dingen te doen. Ik heb geen zin om hem te moeten overtuigen van de manier waarop ik iets wil doen, dus doe ik het op zijn manier. Maar ik voel me er ellendig door. Ik genoot zo van ons bedrijf. Nu haat ik het."

Ik vroeg: "Begrijp ik het goed: jij en jouw echtgenoot zijn de eigenaren van het bedrijf?"

Ze zei: "Ja."

Ik zei: "Dus hebben jij en je echtgenoot de macht en de controle. Wat als jij, in plaats van het op de manier van die andere man te doen, gewoon bewonderde wat hij heeft bereikt in het bedrijfsleven, zijn mening als informatie ziet waar je dankbaar voor bent, en vervolgens jouw eigen weten volgde?" Dat is functioneren vanuit 'afspraak en levering'. Ze zou haar eigen keuzes maken en aangeven wat ze wenste, zonder verklaring, rechtvaardiging of confrontatie.

Wat moet ik hier nog meer weten?

Het is belangrijk dat je op jezelf vertrouwt en erkent wat je weet. Tegelijkertijd is het ook belangrijk om vragen te stellen en de informatie te krijgen die je nodig hebt. Het kan nodig zijn dat je met een accountant gaat praten, of een advocaat of iemand in jouw branche, om te ontdekken wat je wilt weten. Sommige mensen willen overkomen alsof ze alles weten over het bedrijfsleven. Ik ben het tegenovergestelde. Als er iets voorbijkomt dat ik niet weet, vraag ik: "Wat is dat? Wat weet jij daarover?" Luister naar iedereen en je zult het weten als de energie van wat ze zeggen overeenkomt met de energie van wat je graag zou willen.

Als je in de war bent, of boos of van streek bent, of als er iets in jouw bedrijf vreemd of ongemakkelijk aanvoelt, heb je waarschijnlijk meer informatie nodig. Zakenlui gaan vaak rechtstreeks naar het oordeel als ze in de war of boos zijn, of ze proberen om zichzelf of iemand anders verkeerd te maken. In werkelijkheid missen ze gewoon informatie.

Elke keer dat je in de war of boos bent, is vragen stellen de manier om dit op te lossen. Misschien heeft een werknemer iets gedaan wat je van streek maakt. Misschien is een project vertraagd en weet je niet hoe je het weer op gang moet krijgen. Als je bereid bent om vragen te stellen, zul je meer duidelijkheid krijgen, en je zult in staat zijn om keuzes te maken met bewustzijn. Als je meer informatie nodig hebt, vraag dan:

+ Wat moet ik nog meer weten?
+ Met wie moet ik spreken?
+ Welk bewustzijn heb ik dat ik niet wilde erkennen?

Je kunt ook vragen:

+ Wat is hier goed aan dat ik niet doorheb?
+ Wat ben ik niet bereid om waar te nemen, te weten, te zijn en te ontvangen?

Is hier sprake van een leugen?

Als je boos of gefrustreerd bent, kan dat ook betekenen dat er ergens een leugen is. Vraag:

+ Is er hier sprake van een leugen?

Je hoeft niet te weten wat de leugen is. Je hebt gewoon het gewaarzijn dat er een leugen is, wat belangrijke informatie is. Als je meer vragen stelt, kun je nog meer gewaarzijn krijgen. Het is eigenlijk heel simpel. Als je de informatie hebt die je nodig hebt, zelfs als het slecht nieuws is, zelfs als je erachter komt dat je een miljoen dollar schuldig bent, dan weet je wat je moet genereren. Je zult weten wat je moet veranderen.

Is er een leugen met een waarheid eraan vastgehecht?

Heb je ooit in een situatie gezeten waarin iemand je vertelde: "Oh, dit is een fantastische deal. Hiermee ga je een hoop geld verdienen!" Iets voelde heel goed aan de deal, en iets voelde er niet zo geweldig aan. Het was een waarheid met een leugen eraan vastgehecht. Je kon zien waar je een hoop geld kon verdienen. Dat was de waarheid. De leugen die vastzat aan die waarheid, die niet werd geuit, was: "Het geld zal in werkelijkheid pas over drie tot vijf jaar naar je toekomen."

Heb je ooit een advertentie voor onroerend goed gezien, die een mooi huis aanbiedt waarbij je een glimp van de zee kunt opvangen? Klinkt goed, nietwaar? Het *is* een mooi huis, maar de glimp van de oceaan is alleen beschikbaar als je 1,93 meter lang bent, en op je tenen gaat staan op een bepaalde plek aan de linkerkant van de veranda. Het is een waarheid met een leugen eraan vast. Als iets vreemd voelt als je in een vergadering zit of wanneer je een project met iemand aan het ontwikkelen bent, vraag dan:

◆ Is er een waarheid met een leugen eraan vast?

Je hoeft niet uit te vinden wat de waarheid of de leugen is. Vraag gewoon om de energie van de waarheid en de leugen, en je kunt alles vernietigen en ontcreëren wat jou niet toestaat om het bewustzijn te krijgen dat je nodig hebt.

Wat is hier goed aan dat ik niet doorheb?

Deze vraag omzeilt het idee dat iemand of iets 'verkeerd' is, ongeacht de situatie. Niets is ooit verkeerd. Je maakt nooit echt een fout; je bent voortdurend aan het leren en je wordt je van steeds meer gewaar. Als je gaat denken dat er iets mis is, is dat een oordeel. Je slaat de deur dicht voor elke mogelijkheid die de situatie bevat. Deze techniek opent de deur naar een groter gewaarzijn en meer mogelijkheden. Vraag:

◆ Wat is er goed aan dat ik niet doorheb?

Er zijn bijvoorbeeld momenten waarop het energetisch niet juist is voor iemand om te blijven werken in een bedrijf. Sommige mensen zouden dit kunnen zien als een verlies: "Oh nee, deze persoon kiest ervoor om het bedrijf te verlaten," of "Oh nee, we moeten hem ontslaan", of wat de situatie ook maar is. Oordeel niet dat het een vergissing is om haar te ontslaan of dat het triest is dat hij vertrekt. Ga in de vraag. Wat als het geen verlies is? Wat als het een keuze is die meer creëert voor jouw bedrijf en voor die persoon? Wat als dat is wat het bedrijf, de business of het project vereist? Misschien zal het vertrek van die persoon ruimte en een energie vrijmaken, zodat er iets anders kan verschijnen voor iedereen.

Een vriendin van mij had lange tijd een heel belangrijke baan bij een oliemaatschappij, en stopte toen met werken in die industrie. Toen zij ervoor koos om terug te keren naar deze branche, was ze niet meer up-to-date met de systemen die werden gebruikt. Ze had veel sollicitatiegesprekken en het enige aanbod dat ze kreeg, was een contract voor drie maanden bij een bedrijf, voor veel minder geld dan ze wilde verdienen. In plaats van te kijken naar wat er mis was en hoe weinig geld zou ze verdienen, vroeg ze: "Wat is hier goed aan dat ik niet doorheb?"

Ze besefte dat ze op andere manier naar haar situatie kon kijken. Ze kreeg drie maanden *betaalde* opleiding in de systemen die ze moest kennen, zodat ze over drie maanden, wanneer haar contract zou worden beëindigd, ze elders veel meer geld kon vragen. Ze zei: "Dit geeft me echt kracht en potentieel in wat ik kan kiezen voor mij. Ik weet dat ik een geweldige baan kan vinden als ik weer up-to-date ben met de systemen die de industrie gebruikt."

Wat is er goed aan mij dat ik niet doorheb?

Je kunt de vraag "Wat is hier goed aan" ook toepassen op jezelf. Ben je geïrriteerd over iets dat je hebt gedaan? Heb je de conclusie getrokken dat je een fout hebt gemaakt? Denk je dat je iets verkeerd hebt gedaan? Kijk je neer op jezelf? Deze vraag zal je helpen om jezelf te zien vanuit een ander standpunt, en kan de deur openen naar een aantal nieuwe mogelijkheden. Vraag dus:

+ Wat is er goed aan mij dat ik niet doorheb?

Deze vraag / techniek is bedoeld om jou uit het oordeel over jezelf te halen. Het is een geweldige vraag om te stellen als je jezelf wilt gaan veroordelen. Wat als je nooit verkeerd was? Er is altijd iets aan jou dat grootser is. Wat als je deze techniek gebruikt en je gewaar wordt van iets dat je niet bereid was te erkennen over jezelf? Zou het meer of minder creëren voor jouw bedrijf en jouw leven?

Ik hoop dat je alle vragen in dit hoofdstuk zult gebruiken om zakelijke kwesties op te helderen en de informatie te krijgen die je nodig hebt. Als je ze consequent gebruikt, met gewaarzijn, zul je steeds meer vertrouwen krijgen in wat je weet. En dat betekent meer geld, meer vreugde en meer plezier met business!

Wie weet het het beste? JIJ!
Stel je eens voor hoe je bedrijf zal
zijn als je jezelf vertrouwt.

Kiezen voor jou

De meeste mensen begrijpen gewaarzijn verkeerd. Ze denken dat je gewaarzijn krijgt door tot conclusies te komen, controle uit te oefenen en te oordelen, in plaats van door keuzes te maken en vragen te stellen. Functioneren vanuit conclusie is: "Dit is de manier waarop we het doen. Dit is zoals het moet worden gedaan. We veranderen helemaal niets. Dit heeft de laatste keer gewerkt, dus gaan we het deze keer weer zo doen."

Stel dat je een kraam op een beurs of festival hebt. Functioneren vanuit conclusie en controle zou zijn: "Vorig jaar heeft het veel opgeleverd. De plek van de kraam was geweldig. We moeten op dezelfde plek komen te staan als vorig jaar, en we moeten dezelfde dingen doen, want dat is wat vorig jaar veel mensen heeft aangetrokken." Is er ruimte voor gewaarzijn en verandering in deze benadering? Nee!

Functioneren vanuit gewaarzijn zou zijn: "Vorig jaar was de beurs geweldig. Zal het dit jaar weer net zo goed zijn, of is er iets anders waar we naar zouden moeten kijken?" We zijn nergens tot conclusies gekomen. Je bent bereid aan de beurs of het festival mee te doen, en je bent bereid er niet aan mee te doen. En het mag er ook totaal anders uitzien dan vorig jaar.

Besluit versus keuze

Beslissingen en keuzes worden vaak door elkaar gehaald. Dit is vooral het geval als de beslissingen diep geworteld zijn in de familie, de cultuur of in de eigen bedrijfstak. Een besluit is verwant aan een oordeel. Het is: "Dit is wat ik ga doen". Boem! Ziezo. Er is geen verandering meer mogelijk. Een beslissing sluit de deur naar mogelijkheden. Er valt niets anders meer te doen. Een keuze is daarentegen iets wat je in een seconde kunt veranderen.

Een deelnemer aan een Access Consciousness cursus in Italië zei: "Ik woon op een plek waar men 's zomers vakantie komt vieren, dus ik werk alleen in de zomer. Ik heb zelfs geen auto nodig, maar hierdoor kan ik niet naar andere plaatsen gaan om aanvullend werk te vinden. Hoe kan ik dit veranderen?"

Mijn antwoord was: "Keuze! Keuze creëert gewaarzijn; gewaarzijn creëert geen keuze. Daarbuiten is een hele wereld, en ook al ben je geboren in Italië op een prachtige zomervakantieplek, dat betekent niet dat je daar moet blijven. Je kunt alles veranderen. "Keuze creëert gewaarzijn" betekent dat je gewaarzijn krijgt van wat er mogelijk is als je een keuze maakt. Je opent de deur naar nieuwe mogelijkheden en nieuwe manieren om dingen te doen. Als je geen keuze maakt, zul je nooit het gewaarzijn hebben van wat er nog meer kan verschijnen.

"Als je zegt: 'Ik kan geen aanvullend werk vinden omdat _____,' is alles wat achter 'omdat' komt, een rechtvaardiging om niet te kiezen voor iets grootsers. Dus ik neem geen verhaal aan van jou of van iemand anders over waarom ze niet kunnen hebben wat ze zouden willen hebben in hun bedrijf of in het leven."

Mensen gebruiken heel vaak dit soort rechtvaardigingen. Laatst sprak ik een vrouw die in een afgelegen gedeelte van

Australië woont. Ze bleef zeggen dat haar isolatie de reden was dat ze haar bedrijf niet kon creëren.

Ik vroeg: "Wat als je de plek waar je woont, niet zou gebruiken als rechtvaardiging voor waarom je geen zaken kunt doen? Je hoeft niet te verhuizen om je bedrijf te creëren. Kijk eens naar wat er voor jou beschikbaar is. En hoe staat het met sociale media? Begin een blog, doe radioshows, ga op Facebook en Twitter. Doe wat er maar nodig is. Geef een internetconferentie of -cursus. Wat kun je invoeren om je bedrijf vandaag te laten groeien, ongeacht waar je bent?"

Gebruik geen beslissingen en rechtvaardigingen. Stel vragen:

+ Welke beperkingen heb ik gecreëerd?
+ Wat zou ik werkelijk willen?
+ Wat zou ik hier moeten veranderen—en kan ik het veranderen?
+ Wat maak ik waardevoller dan het succes dat ik zou kunnen kiezen?

Keuze creëert gewaarzijn.

Ben ik hier voor mij aan het kiezen?

Ik sprak met een kunstenares die van Canada naar Zwitserland was verhuisd. Ze zocht een plek om een studio / galerie te openen. Ze wilde graag een studio waar ze naartoe kon lopen of fietsen, en vond een plek die ze heel prettig vond. Het was slechts op twee minuten van haar huis. Haar vrienden zeiden: "Dit is een woonwijk. Niemand zal je hier ooit vinden.

Niemand zal langskomen om je kunst te bekijken of je cursussen te volgen."

Ze zei tegen me: "Ik weet beter, maar als ik denk aan wat mijn vrienden zeggen, raak ik in de war."

Ik vroeg: "Waarheid, heb je de projecties van anderen overgenomen dat dit onmogelijk kan werken?"

Ze zei: "Ja."

Nadat we samen wat clearings hadden gedaan, zag ze dat ze zichzelf kon vertrouwen. Ze zei: "In het verleden heb ik altijd een ruimte gecreëerd waar ik het prettig werken vond, en ik ben altijd succesvol geweest. Ik heb anderen nooit om hun mening gevraagd over wat ik deed, en dat hoef ik nu ook niet te doen."

Als je kiest voor jou, zal alles op zijn plek vallen. Als je tegen jezelf kiest, of als je voor iemand anders kiest, gaat dat allerlei dingen vernietigen. Vraag:

+ Kies ik hier voor mij?
+ Kies ik hier voor mijn business?
+ Wat heeft mijn business nodig?
+ Wat heb ik nodig?

Onlangs ging het niet goed met een bedrijf dat ik ken. De drie eigenaren wisten dat er een flinke verandering nodig was. Twee van de eigenaren keken naar het opdoeken van het bedrijf en of ze het konden verkopen, zelfs met verlies. De derde eigenaar zei: "Ik ga dit bedrijf laten groeien! Dit bedrijf kan wel slagen!" Hij koos voor zichzelf en stelde de eis dat ongeacht wat alle anderen in de branche ook zeiden, hij het bedrijf succesvol ging maken. Hij vertikte het om de standpunten van anderen over te nemen. Hij was bereid de leider in het bedrijf te zijn en een leider in zijn eigen leven. Zijn eis dat het bedrijf bleef bestaan, opende een nieuwe ruimte en nieuwe mogelijkheden. Binnen drie weken begon het tij te keren. Het bedrijf kreeg meer bestellingen en er begon geld binnen te komen. Deze man koos voor zichzelf; hij was niet bereid andermans standpunten belangrijker te maken dan datgene waarvan hij wist dat hij het kon creëren en genereren. Hoe vaak heb jij jezelf tegengehouden door wat iemand anders ervan dacht? Werkte het voor jou om iemand anders waardevoller te maken dan jezelf?

De standpunten van anderen aannemen

Velen van ons hebben andermans houdingen over geld en business geaccepteerd. Stel dat jouw ouders een klein bedrijf hadden, en dat hun standpunt was: "Je kunt ervan leven, maar je zult nooit rijk worden." Of ze klaagden continu over hoe moeilijk het was om een bedrijf te hebben. Alles ging om het kommer en kwel van zakendoen. Je hebt deze standpunten misschien geaccepteerd als waar, zonder je af te vragen of het wel terecht is. Of misschien heb je gekeken hoe mensen in jouw industrie handelden en heb je referentiepunten gecreëerd die zijn gebaseerd op hun manier van doen. Je hebt deze standpunten of houdingen mogelijk overgenomen zonder je er bewust van te zijn.

Toen ik handelsvoorraad importeerde vanuit Azië vertelden mensen me dat ik het soort bedrijf had gekozen dat lange dagen vergde, en dat ik heel hard zou moeten werken. Dat was erg grappig, zeker als je bedenkt hoeveel tijd ik op het strand doorbracht. Ik wist dat ik de dingen anders kon doen. Gelukkig heb ik die standpunten niet overgenomen! Zelfs als je andermans standpunten hebt overgenomen, kun je ze vernietigen en ontcreëren. Hoe je dat doet? Gebruik de clearing statement!

Vertellen jouw familie, vrienden of zakenpartners je dat je geen multimiljardair kunt zijn en niet alles kunt hebben? Projecteren ze op jou dat je het niet zult redden? Dat je niet in staat bent om te slagen? Of projecteren ze op jou dat je te veel zaken, bedrijven of projecten tegelijk hebt lopen? Je hoeft deze standpunten niet aan te nemen. Je kunt alles hebben, je kunt slagen, je kunt het redden, en je kunt net zoveel projecten en bedrijven hebben als je wilt! *Geloof me*, je kunt het! Je creëert jouw eigen realiteit en je creëert jouw eigen bedrijf.

Wat betekent business voor jou?

Als ik Plezier met Business cursussen geef, stel ik de deelnemers vaak vragen als: "Wat betekent business voor jou?" of: "Hoe ziet business er voor jou uit?" Ik zeg: "Denk alsjeblieft niet na over jouw antwoorden. Spreek ze gewoon uit, ook al klinkt het krankzinnig. Dit zijn alle standpunten die je beperken."

Ik vroeg onlangs aan de cursisten: "Wat zou er gebeuren als je geld zou verdienen?" Een vrouw zei: "Ik zou stikchagrijnig zijn, en ik zou mensen willen vermoorden." Iemand anders zei: "Ik zou boven het maaiveld uitsteken, en dat beangstigt me. Ik ben bang dat mijn hoofd eraf wordt gehakt." Een ander zei: "Ik zou vrij zijn!" Ze had besloten dat als ze geld in haar leven zou hebben, dat ze vrij zou zijn. Wat als we nu al vrij zijn? Nadat de antwoorden zijn gegeven, vraag ik de deelnemers ze te vernietigen en ontcreëren. Dit kan grote veranderingen creëren en het kan mensen veel gewaarzijn geven, zowel in hun business als in hun leven.

Probeer het zelf maar eens. Schrijf jouw antwoorden voor de volgende vragen op:

Wat betekent business voor jou?

1. _____
2. _____
3. _____
4. _____
5. _____
6. _____

Gebruik nu de clearing statement, en vernietig en ontcreëer je antwoorden:

Alles wat dit is, ben je bereid dit allemaal te vernietigen en ontcreëren, maal een godziljoen? Right, wrong, good and bad, POD and POC, all nine shorts, boys and beyonds.

Wie ben ik hier aan het zijn?

Op een dag toen we deze oefening deden, zei een vrouw: "Ik realiseer me ineens dat de meeste meningen die ik heb geuit, niet van mij zijn. Ze zijn van mijn vader. Ik zie mezelf terwijl ik mijn vader aan het zijn ben. Ik weet niet hoe ik me van hem los kan maken."

Ik vroeg: "Is het dat je niet weet hoe je je van hem los kan maken—of is het dat je niet bereid bent geweest werkelijk te weten wie je bent?" Toen zei ik: "Als je merkt dat veel van jouw standpunten over business en geld eigenlijk van je vader zijn, vraag dan als je met business of geld te maken hebt:

+ Wie ben ik hier aan het zijn?

Ik ken iemand die dit deed met haar moeder. Ze had het gevoel dat ze niet zoals haar moeder wilde zijn, en ironisch genoeg was ze precies zoals haar moeder. Ze gebruikte die vraag dagen achter elkaar. Ze deed iets en dan vroeg ze: "Wie ben ik hier aan het zijn? Oh! Mijn moeder." Ze vernietigde en ontcreeerde het en eiste dat het zou veranderen. En het veranderde ook. Ze zei: "Ik neem mijn moeders standpunt niet langer meer aan, niet over wie ik zou moeten zijn, wat ik zou moeten doen, wat ik zou moeten hebben en wat ik zou moeten creëren."

Als je stelt: "Ik wil niet net zoals mijn vader zaken doen" vraag je in werkelijkheid om de situatie die je niet wilt. Dat is omdat 'niet' niks toevoegt. Als ik zeg: "Denk niet aan een roze olifant" – wat is dan het eerste waar je aan denkt? Precies, een roze olifant! 'Niet' en 'geen' veranderen dat niet. Jouw woorden creëren jouw realiteit. Als je blijft zeggen dat je iets niet wilt, raad eens wat er dan gebeurt? Je creëert het! Stel in plaats daarvan de vraag: "Wie ben ik hier aan het zijn?" en zodra je je er bewust van bent dat je jouw vaders (of iemand anders') standpunt hebt overgenomen, vernietig en ontcreëer het dan.

Oefen met het kiezen voor jezelf

Oefen met het kiezen voor jezelf. Begin met kleine dingen. Vraag:

+ Kies ik hier iets voor iemand anders dan mezelf?
+ Waarheid, wat zou ik hier willen kiezen?
+ Waarheid, maakt deze keuze dat ik me lichter voel?

Hoe zouden jouw business en jouw leven eruitzien als je werkelijk zou kiezen voor jou? Ik heb het over bewustzijn in alles: bewustzijn in business en bewustzijn in jouw dagelijkse leven. Beperk jij jouw leven, jouw bestaan, jouw realiteit en jouw business vanwege andermans standpunt? Is het nu de tijd om dat te veranderen en erachter te komen wat werkt voor jou? Welkom bij het avontuur van leven en zaken doen!

Van wie is dit? Is dit van mij?

De vragen "Van wie is dit?" en "Is dit van mij?" nodigen je uit om je ervan gewaar te worden dat je emoties voelt en gedachten hebt die niet van jou zijn. Ik kan niet vaak genoeg benadrukken hoe belangrijk deze vragen zijn. Waarom? Omdat 99% van de gedachten, gevoelens en emoties die je hebt, niet van jou zijn.

Op een dag logeerde ik bij een vriend in zijn huis in Melbourne omdat ik Access Consciousness cursussen ging faciliteren. Het was een maandagmorgen. Alles viel me zwaar en ik dacht: "Ik kan niet geloven dat ik naar mijn werk moet, ik moet dit doen, ik moet dat doen. Ik moet de trein zien te halen." Plotseling zei ik: "Wacht even! Ik ga niet eens met de trein!" Ik gebruikte de Access tool:

+ Van wie is dit?

Ik realiseerde me dat deze gedachten, gevoelens en emoties niet eens van mij waren. Ze waren van alle mensen die op maandag moesten opstaan en die totaal geen zin hadden om naar hun werk te gaan. Zodra ik de vraag stelde, werd ik me ervan bewust dat ik hield van wat ik deed. Ineens had ik veel meer energie en een veel grotere gewaarwording van mijzelf en het plezier en het gemak dat ik ben.

Als je binnenkomt bij een bijeenkomst en je voelt je nerveus, je maakt je zorgen of voelt je ongemakkelijk, vraag dan: "Van wie is dit?" Het zou van de directeur kunnen zijn, die aan het hoofd van de tafel zit. Het zou van een lid van de Raad van Bestuur kunnen zijn. Het zou van de collega kunnen zijn die naast je zit. Je hoeft niet uit te zoeken van wie het is. Het enige dat je moet doen, is je gewaarzijn dat het niet van jou is, omdat, zoals ik al zei, 99% van de gedachten, gevoelens en emoties die je hebt, niet van jou zijn.

Hier is een levensveranderende oefening. Vraag de komende drie dagen bij elke gedachte, elk gevoel en elke emotie: Van wie is dit?

Als je de vraag stelt, zul je waarschijnlijk merken dat het gevoel oplicht en dat er iets verandert. Dit geeft aan dat de gedachte, het gevoel of de emotie sowieso niet van jou was. Als dit gebeurt, zul je meer gewaarzijn hebben van wat jij werkelijk zou willen genereren en creëren in jouw business en in jouw leven. Onthoud: als het licht voelt, is het waar. Als het zwaar voelt, is het een leugen.

Als jij voor jou kiest, kan er iets grootsers verschijnen.

Kies gewaarzijn—geen verborgen agenda's

Verborgen agenda's zijn besluiten die we nemen of conclusies die we trekken, waar we ons niet cognitief bewust van zijn. Bijvoorbeeld als je iets in je bedrijf hebt gedaan en hebt besloten: "Dat doe ik nooit meer!" Of je hebt in een bepaalde branche gewerkt en hebt geconcludeerd: "Dit is de manier waarop het moet worden gedaan. Dit is hoe een business eruit moet zien." Dit worden verborgen agenda's. Je kunt deze besluiten eerder in je leven hebben genomen, maar meestal zijn ze genomen in voorgaande levens.

Laten we bijvoorbeeld zeggen dat je in een vorig leven een kunstschilder was. Je hield ervan om je schilderijen te creëren, maar je verdiende niet genoeg geld om te overleven. Dit maakte jouw leven zo ellendig, dat je concludeerde dat je nooit meer iets met kunst te maken wilde hebben, omdat het je niet kon onderhouden. Dan kom je in dit leven terecht en drie keer raden? Je voelt je extreem aangetrokken tot kunst. Je houdt van schilderijen en beeldhouwwerken, en je krijgt een fantastische baan in een kunstgalerie, maar je kunt niets verkopen, omdat je een verborgen agenda hebt. Je hebt besloten dat kunst je niet kan onderhouden.

Of misschien werd je in jouw laatste leven overvloedig gefinancierd om iets te creëren, en besloot je: "Dat werkte goed. Dat ga ik weer doen!" Dit leven creëer je iets soortgelijks en verwacht je dat het op dezelfde manier zal worden gefinancierd. Je begrijpt niet waarom het geld niet is verschenen. Je vraagt: "Hé, waar is de financiering? Ik doe wat eerder werkte, maar de financiering blijft uit. Wat is er aan de hand?" En dan, als het niet komt, wat doe je dan? Je veroordeelt jezelf, omdat de financiering niet verschijnt.

Of misschien wil je graag jouw eigen bedrijf hebben, maar is je verteld dat je niet in zaken kunt gaan, omdat je een vrouw bent. Je zou dolgraag je eigen bedrijf hebben, maar het lukt je niet om eraan te beginnen. Wat houdt je tegen? Je realiseert het je niet, maar je hebt de oordelen en de projecties overgenomen die je hebt gekregen en je hebt besloten dat een vrouw niet kan slagen in business. Met andere woorden: je hebt een verborgen agenda. Misschien is het afkomstig van een eerder moment in dit leven, misschien komt het uit een eerder leven. Het doet er niet toe. Verborgen agenda's beperken ons, en we hebben ze zó geheim gemaakt, dat we zelf niet eens weten wat ze zijn. Gelukkig is het niet moeilijk om ermee af te rekenen, als je ze wilt vernietigen en ontcreëren.

Wat is jouw verborgen agenda?

Als iets niet werkt in jouw bedrijf, vraag of er ergens een verborgen agenda meespeelt (of een conclusie of een oordeel).

Welke verborgen agenda heb ik gecreëerd die alles in stand houdt dat ik niet kan veranderen, kiezen of instellen? Alles wat dat is, vernietig en ontcreëer ik allemaal, maal een godziljoen. Right and wrong, good and bad, POD and POC, all nine, shorts, boys and beyonds.

Jij bent degene die de kracht en het vermogen heeft
om een verborgen agenda te veranderen.
Het is jouw keuze.
Niemand anders kan dat voor jou doen.

Verborgen agenda's in jouw bedrijf

Soms huren bedrijfseigenaren niet graag anderen in of ze gaan liever niet met een zakenpartner in zee, omdat ze zich zorgen maken over potentiële onenigheid, conflicten of problemen. Is dit iets waar jij je zorgen over hebt gemaakt? Wat als je niet op kunt schieten met die persoon? Wat als jullie niet goed op elkaar zijn afgestemd? Wat als die persoon een verborgen agenda heeft die niet strookt met jouw verborgen agenda? Als je een bedrijf hebt, moet je ontdekken of je verborgen agenda's hebt. Vraag:

+ Wat is mijn verborgen agenda met mijn bedrijf?

En als je met iemand anders in jouw bedrijf werkt (of overweegt met iemand anders samen te gaan werken), stel ik voor dat je nagaat of hij of zij een verborgen agenda heeft. Vraag:

+ Wat is zijn of haar verborgen agenda met mij?
+ Wat is zijn of haar verborgen agenda met de business?

Je hoeft deze persoon niet in de discussie te betrekken. Dit is gewoon iets voor jou om gewaar van te zijn. Ik stel deze vraag over de personen waarmee ik werk, en het geeft me informatie en vergroot mijn bewustzijn. Door het gebruik van de clearing statement aan het eind van elke vraag zal jouw inzicht nog meer toenemen en het zal je meer duidelijkheid geven over jouw keuzes.

Je kunt bijvoorbeeld ontdekken dat jouw zakenpartner bekend wil staan als een fantastische zakenvrouw. Dat is wat ze graag wil. Als haar verborgen agenda ook voor jou werkt, zal het bijdragen aan het bedrijf. Je zou dan kunnen vragen: "Wat kan ik bijdragen aan haar om bekend te zijn als een fantastisch zakenvrouw?" Als ze genomineerd zou zijn voor Zakenvrouw van het Jaar, zou je kunnen zeggen: "Perfect! Wat kan ik daaraan bijdragen?" Als je een competitief demonisch kreng zou zijn, zou je zeggen: "Hoe komt het dat *ik* niet ben genomineerd? Dat had ik moeten zijn!" Wat zou dat creëren? Het zou het bedrijf beginnen te vernietigen, in plaats van eraan bij te dragen. Als het bijdragen aan de verborgen agenda's van jouw partner bijdraagt aan jouw bedrijf, dan zul jij ook succesvol zijn als zij dat is.

Stel dat jouw zakenpartner een geweldige verbinder is en graag een ster zou willen zijn. Hij zou heel graag beroemd zijn. Zoek dan uit of het een bijdrage zal zijn aan jouw bedrijf. Misschien zal hij je een paar prachtige contacten bezorgen, die het bedrijf zullen laten groeien. Als je gewaar bent van de verborgen agenda's van anderen, kun je bijdragen aan hun beweging, wat dan bijdraagt aan het bedrijf. Stel gewoon de vraag:

+ Wat kan ik bijdragen?

Als de verborgen agenda van jouw zakenpartner of medewerker niet voor jou werkt, zoek dan uit of ze werkelijk een bijdrage zijn aan het bedrijf. Vernietigt hun verborgen agenda het bedrijf? Zodra je dit weet, heb je meer informatie en meer gewaarzijn. Je kent één van hun donkere geheimen. Als hun verborgen agenda niets vernietigt, vraag dan: "Hoe kan ik dit gebruiken?" Je zult misschien niet meteen vandaag duidelijkheid krijgen over hoe je dit kunt gebruiken, maar het kan zich met een maand of een jaar laten zien. Onthoud: hoe meer gewaar je bent, hoe meer informatie je zult krijgen.

Ben je in conflict met iemand?

Als je een conflict of een probleem hebt met iemand waarmee je werkt, zou je wellicht deze vragen kunnen stellen en de clearing statement kunnen gebruiken om alles te vernietigen en ontcreëren wat er omhoogkomt.

+ Welke verborgen agenda heb ik met _____?
+ Welke verborgen agenda heeft _____ met mij?
+ Welke verborgen agenda heeft _____met (de naam van jouw bedrijf)?
+ Welke verborgen agenda heb ik met _____ (de naam van jouw bedrijf)?

Succes: kun jij hoger springen dan een vlo?

Lang geleden werd er een experiment gedaan met vlooien. De onderzoekers hadden vlooien in bakken van helder glas. De vlooien probeerden uit de bak te springen, sprongen tegen het glazen plafond en vielen op de grond. Hoe hoog ze ook sprongen, ze konden er niet uit. Toen de onderzoekers uiteindelijk de glazen deksels van de bakken haalden, merkten ze dat de vlooien nog steeds even hoog sprongen. Ze sprongen niet hoger dan de hoogte van de glazen wanden, zelfs niet toen het deksel eraf was en de mogelijkheid er was. Is dat niet interessant? Heb jij ooit jouw eigen glazen plafond gecreëerd waar je niet bovenuit wilt komen? Heb je besloten: "Ik kan niet meer succes hebben dan mijn ouders of mijn vrienden of mijn broers en zussen" of: "Dit kan ik niet doen, omdat ik een vrouw of een man ben, of omdat ik te jong ben of te oud." Dit zijn allemaal verborgen agenda's die in stand houden wat je niet kunt veranderen.

Is er een geldbedrag waarvan je hebt besloten dat het oncomfortabel is om te hebben? (Dit is ook een verborgen agenda). Wat is ervoor nodig om dat te veranderen? Op een dag zat ik aan mijn computer rekeningen te betalen, nadat ik lange tijd schulden had gehad. Ik keek naar mijn bankrekeningen en zei: "Wow! Ik heb geen schulden meer!" Mijn credit cards waren afbetaald, ik had geld op mijn zakelijke rekening en geld op mijn spaarrekening. Ik dacht: "Oh, zo voelt het om geen schulden te hebben. Waar is de fanfare? Waar is het vuurwerk?" Ik dacht dat schuldenvrij zijn iets groots zou zijn, maar dat was het niet. Het was gewoon: "Oh, ik heb nu geld. Ik heb geen schulden meer."

Toen ik ongeveer een maand later mijn bankrekeningen bekeek, zag ik dat ik weer in de schulden zat. Ik vroeg: "Wat is hier gebeurd?" Ik realiseerde me dat het voor mij comfortabeler was om schulden te hebben, dan om geld te hebben. Het glazen plafond was verwijderd van mijn glazen bak, maar ik sprong nog steeds niet hoger dan de wanden. Door vragen te stellen en de clearing statement te gebruiken, koos ik iets anders. Ik eiste van mezelf: "Ik zal geld op mijn bankrekening hebben staan, hoe dan ook. Ik zal veel meer geld hebben dan ik ooit voor mogelijk heb gehouden." En dat is wat er begon te verschijnen.

Kijk eens naar jouw leven en het geld dat je hebt—of het geld dat je niet hebt. Hoe vaak heb je meer rekeningen dan geld? Is er nooit genoeg? Functioneer je vanuit een verborgen agenda? Ben je het eens geworden met alle anderen om je heen, die allemaal hypotheken nemen, zakelijke leningen hebben en een credit card schuld laten oplopen? Ben jij normaal, gemiddeld en echt? Voelt het comfortabeler voor je om net als alle anderen te zijn, in plaats van uit de glazen bak te springen?

Ben je bereid om net zo anders te zijn als je werkelijk bent, en te functioneren vanuit totaal gewaarzijn?

Als je bereid bent te functioneren vanuit totaal gewaarzijn, zal je bedrijf veranderen.

Wat hebben anderen nodig?

Jaren geleden, toen ik nog handelswaar inkocht in India, liep ik er vaak tegenaan dat ik een vrouw in zaken was. Veel Indiase mannen voelden zich ongemakkelijk bij het zaken doen met een vrouw, en ze zeiden soms de vreemdste dingen. Ze waren er vrij zeker van dat ik nooit succesvol kon zijn, en ze vonden dat witte vrouwen …. hmm, laten we zeggen 'gemakkelijk' waren, omdat we seks hebben voordat we getrouwd zijn. Dus besteedde ik aandacht aan wat er nodig was om met hen zaken te kunnen doen. Ik lette op wat ik droeg, wat ik zei en de manier waarop ik zaken deed. Zodra ze zich realiseerden dat ik degene was met het geld en dat ik dingen wilde kopen, slikten ze hun trots in, behandelden me beleefd en gaven me kopjes met de zoetste thee ter wereld. Uiteindelijk konden we het altijd prima met elkaar vinden. Ik was bereid waar te nemen wat zij nodig hadden en dat te leveren, niet vanuit weerstand en reactie, maar vanuit gewaarzijn en wetend dat ik zou krijgen wat ik nodig had. Het is allemaal onderdeel van de manipulatie en het plezier met business te zijn.

Soms ontmoet ik in Australië en in de VS ook mannen die zich ongemakkelijk voelen bij het werken met vrouwen. Ik heb daar geen mening over. Als een man er zich ongemakkelijk bij voelt om met mij te werken omdat ik een vrouw ben, ben ik bereid te doen wat er nodig is om hem op zijn gemak te stellen.

Het gaat erom te ontdekken wat anderen nodig hebben. Een tijd geleden ging ik naar een zakelijke bespreking in Los Angeles met een mannelijke compagnon die private aandelen verstrekt. De man die we ontmoetten, liet op drie verschillende momenten weten dat hij het niet erg vond om zaken te doen met vrouwen. Toen mijn compagnon en ik de vergadering uitliepen, draaide ik me naar hem om en zei: "Je hebt vast wel door dat deze man niet graag zaken doet met vrouwen, toch?"

"Nee," zei hij, "dat had ik niet door."

Ik zei: "Als je er geen probleem mee hebt om zaken te doen met vrouwen, hoef je dat niet drie keer te zeggen. Dat hoef je helemaal niet te zeggen! Maar het is prima. Wij hebben de controle hier, want wij weten wat er nodig is. We gaan dat gebruiken. Van nu af aan is hij jouw contact."

Wat zijn de regels van de etiquette

Het is belangrijk te weten wat jouw zakenrelaties nodig hebben, vooral als je in andere landen en met andere culturen werkt. Wees bereid om te kijken naar wat de ander nodig heeft in zaken, en ook naar wat andere culturen vereisen.

Onlangs had ik met een collega een dag lang zakelijke besprekingen in Korea. Ik leerde dat men in Korea graag vriendschappelijke relaties creëert bij het zaken doen. Ze werken graag met mensen die ze zien als vrienden, dus we benaderden een potentiële klant op een heel vriendschappelijke manier. Na onze bespreking stuurde ik hem direct een vriendelijke e-mail en bedankte hem dat hij ons had willen ontmoeten. Was het belangrijk voor mij om bevriend te zijn met deze man? Nee. Maar als hij graag een vriendschappelijke zakenrelatie heeft, kan ik daarvoor zorgen. De Koreanen hebben ook graag meer en kortere besprekingen. Ze willen op regelmatige basis bijeenkomen en regelmatig contact onderhouden, dus waren wij bereid om dat ook te doen. Toen ik in de vergadering zat met onze Koreaanse klant, nieste ik. De Koreaanse man keek me aan en zei beleefd: "Gezondheid."

Ik zei: "Dank u," maar de energie werd ongemakkelijk. Ik dacht: "Wauw, wat is deze energie die zojuist omhoogkwam?"

Mijn collega heeft veel zaken gedaan in Korea, dus na de vergadering vroeg ik hem: "Wat gebeurde er?"

Hij zei: "In Korea word je niet geacht te niezen in het openbaar."

Ik vroeg: "Hoe kun je niet niezen?"

Hij zei: "Dat doe je gewoon niet. Het wordt gezien als zeer onbeleefd."

Je moet de regels van de etiquette kennen op de plekken waar je zaken doet. De etiquette en gedragsregels lopen flink uiteen in verschillende landen. In India is het bijvoorbeeld prima om op straat te spugen, en in Singapore kun je er een bekeuring van $ 200 voor krijgen. De Fransen en Italianen groeten door elkaar op beide wangen te zoenen, de Britten en Amerikanen zijn gewend om handen te schudden, en Japanners buigen naar elkaar. Je moet weten wat er vereist is, zodat je ervoor kunt zorgen dat mensen zich op hun gemak voelen. De beste manier om achter deze dingen te komen, is door vragen te stellen:

- Wat verlangen zij van mij?
- Wat bewijst hen eer en bewijst mij eer?
- Wat kan ik hier bijdragen om een goede zakenrelatie te laten ontstaan?

In India had ik een keer een zakelijke bespreking met ongeveer 12 mensen en ze schonken een Indiase thee die ik niet
lekker vond. Je kunt niet zeggen: "Nee dank je, ik wil geen thee."
Je moet het aannemen. Ik probeerde de situatie te redden door
de thee snel op te drinken en meteen daarna iets van de aange-
boden zoetigheid te nemen. Wat ik niet wist, is dat ik daarmee
aangaf dat ik het erg lekker vond en meer wilde, dus onmiddellijk schonken ze mijn kopje bij. Ik had moeten uitzoeken
wat het protocol was en kleine slokjes moeten nemen! Ik had
moeten vragen: "Wat is hier nodig?"

Eén van mijn leveranciers in Nepal organiseerde eens
een groot feestelijk diner om mij te eren. Ze hadden een
geit geslacht; ze sneden de keel door, het bloed liep eruit en
ze verzamelden dat in een kom. (Ik was op dat moment zo
goed als vegetariër). Wat gezien wordt als het lekkerste deel
van de geit, is het geitenvet. Ze bakten dus stukjes geitenvet
en deden dat in kommen verse geitenmelk. Ik dacht: "Oh nee,
meen je dit echt?" Omdat ik niet onbeleefd wilde zijn, moest
ik hun geschenk aannemen. Ik dronk de warme melk en at
het geitenvet. Een vriendin die met me meereisde, filmde de
gebeurtenis en vond het hilarisch, omdat ze wel wist wat er
door mijn hoofd ging. Ik heb echter het standpunt dat leren
over datgene wat er nodig is in andere culturen, onderdeel is
van het avontuur en plezier van zakendoen en leven.

Hoe moet je je kleden?

Uitzoeken wat er nodig is, geldt ook voor de manier waarop
je je kleedt. Bij elke zakelijke ontmoeting waar je naartoe gaat,
ongeacht waar dat is, is er een verwachting van hoe je gekleed
moet gaan. Wat is er nodig om het oordeel te creëren over jou,

dat maakt dat ze bereid zijn om jou en jouw bedrijf te ontvangen? Toen ik bijvoorbeeld zaken deed in India (hoewel de gewoontes er nu veranderen), toonden vrouwen hun schouders, knieën en ellenbogen niet. En hun decolleté lieten ze al helemaal niet zien, maar het was wel prima dat ze hun taille lieten zien. Ik besteedde altijd aandacht aan deze gebruiken en verwachtingen.

Voordat je naar een zakelijke bespreking gaat, zelfs als dit in een Westers land is waarvan je denkt te weten wat je kunt dragen, moet je erachter komen wat de cultuur van het bedrijf is. Hoe kleedt men zich daar? Wat is nodig? Zijn hoge hakken daar een vereiste? Is een pak of een stropdas gewenst? Draag je diamanten of parels? Ik kreeg te horen dat als een grote Australische luchtvaartmaatschappij sollicitatiegesprekken voert met dames voor de functie van stewardess, ze tijdens het gesprek de sollicitantes vragen op te staan en langzaam om te draaien. De interviewer bekijkt daarbij de hakken van de schoenen van de dames. Hun mening is dat als hun hakken goed verzorgd zijn en niet gekrast zijn, dit betekent dat de persoon voor zichzelf zorgt. Zij is een goede kandidaat voor de baan. Ogenschijnlijk kleine details als deze kunnen een groot verschil maken in de manier waarop anderen zich met jou verbinden! Waar je ook heen gaat, het is essentieel om erachter te komen wat er benodigd is, aangezien het succes creëert en genereert voor jou en jouw bedrijf.

Creëer een energetische verbinding met anderen
en houd die verbinding in stand.

Manipuleren met energie

Soms vraag ik tijdens mijn Plezier met Business cursussen aan de deelnemers: "Hoeveel van jullie zitten in één of andere vorm van verkoop?" Een aantal handen gaat omhoog en vervolgens zeg ik: "Jullie zouden allemaal je hand op moeten steken, want elk bedrijf heeft te maken met verkoop en het creëren van een verbinding met mensen." Jouw business, ongeacht wat die is, is afhankelijk van de verbinding met mensen en de verkoop van jouw product of dienst.

Energie trekken (energy pulls)

Eén van de tools die je kunt gebruiken om een verbinding met mensen te creëren, meer klanten te krijgen of de verkoop te vergroten, is door energie te trekken. Energie trekken is een manier om mensen energetisch te bereiken en hun interesse te wekken voor jou, jouw product of jouw dienst.

Dit is hoe je het gebruikt:

+ Neem de energie waar van jouw bedrijf, jouw project, je product, jouw dienst of wat het ook maar is dat je graag wilt uitbreiden.
+ Onthoud: jij bent dit niet! Het is een aparte entiteit.
+ Trek enorme hoeveelheden energie in jouw bedrijf. Hoe je dat doet? Doe het gewoon!
+ Vervolgens trek je enorme hoeveelheden energie van iedereen ter wereld jouw bedrijf in, en blijf je energie trekken van

iedereen die hiernaar op zoek is en van iedereen die zich er
nog niet eens van bewust is dat ze ernaar op zoek zijn. Blijf
enorme hoeveelheden energie trekken.

+ Vraag nu aan jouw bedrijf om de stroom te egaliseren, door
kleine stroompjes energie naar iedereen ter wereld te laten
gaan.

+ Vraag aan jouw bedrijf om jou het geld te laten zien. Vraag
dat cliënten of klanten opduiken en dat het bedrijf zich uitbreidt.

Als je denkt dat je niet weet waar ik het over heb als ik
zeg: "Trek energie", kijk dan naar de relaties tussen mannen en
vrouwen. Is het je ooit opgevallen dat als een jongen geïnteresseerd is in een meisje, hij meestal energie naar haar duwt? Als
een meisje geïnteresseerd is in een jongen, trekt ze in de meeste
gevallen energie van hem. Zo simpel is het.

Ik werkte met een Italiaanse boer, die een wijngaard heeft.
Hij wilde dat meer wijnmakers van zijn product afwisten. Ik
legde hem als volgt uit hoe hij het energietrekken kon doen:
"Neem de energie waar van de druiven die groeien en de
heerlijke wijn die ze zullen vormen. Trek nu energie van over
de hele wereld de wijngaard in. Zodra je merkt dat dat gebeurt,
vraag je de wijngaard om kleine stroompjes energie te sturen
naar iedereen die geïnteresseerd zou kunnen zijn in bijdragen
aan jou, de wijngaard en het bedrijf.

Als je een dienst levert, trek je op dezelfde manier energie.
Stel dat je een masseuse bent. Word je gewaar van de energie van
het voedende en verzorgende waartoe je lichamen uitnodigt.
Trek nu die energie van over de hele wereld jouw bedrijf in, en

vraag jouw bedrijf om cliënten uit te nodigen om verzorgd en verwend te worden.

Je kunt het energie trekken ook gebruiken om de aandacht te trekken van diegenen waarvan je wilt dat ze van je afweten. Gebruik het energie trekken als je naar een bespreking gaat met mogelijke klanten, als je gaat onderhandelen of als je naar een auditie gaat. Stel dat je een voorstel gaat presenteren bij een bedrijf. Zodra je wakker wordt op de dag van de bespreking, trek je enorme hoeveelheden energie van iedereen die erbij zal zijn, of het nu iemand is van de Raad van Bestuur, de managers of de directeur. Je hoeft niet eens te weten wie het zijn. Als je energie trekt van mensen, creëert dat bij hen een gevoel van vertrouwen. Als je dan binnenkomt, hebben ze het gevoel dat ze je al kennen. Jij hebt de controle. Jij hebt hun aandacht. Je hebt al een connectie met hen gecreëerd.

Je kunt het energie trekken ook gebruiken als een klant laat is met het betalen van een rekening. Als je energie trekt van mensen die jou geld schuldig zijn, zullen ze plotseling niet meer in staat zijn om jou uit hun hoofd te krijgen. Ze zullen het bedrag vrij snel aan je terugbetalen. Is het energie trekken een manipulatie? Ja, dat is het. Als je niet bereid bent te manipuleren met energie, zul jij uiteindelijk degene zijn die wordt gemanipuleerd.

Kijken naar de energie van wat er nodig is

Zorgen dat de verkoop doorgaat, onderhandelen over het contract of een overeenkomst afsluiten - het hangt vaak af van de manier waarop jij omgaat met energie. Heb je gehoord van de Britse ondernemer die niet te stoppen is, Sir Richard Branson? Hij heeft meer dan 400 bedrijven, waaronder Virgin Records en Virgin Atlantic Airways, hij is betrokken bij veel verschillende milieu- en humanitaire projecten verspreid over de hele wereld en hij heeft een paar boeken geschreven die erg goed zijn. In zijn autobiografie, *Losing My Virginity*, zei Branson: "Mijn zin in het leven vind ik door mezelf gigantische en op het eerste gezicht onhaalbare uitdagingen te geven en daar bovenuit proberen te stijgen."

Branson kijkt naar de energie van potentiële projecten en ondernemingen, en als hij weet dat iets mogelijk is, weigert hij simpelweg om *nee* als antwoord te accepteren. *Nee* gelooft hij voor geen meter. Hij is niet teleurgesteld door een *nee*, en hij laat zich er ook niet door tegenhouden. Tegelijkertijd hecht hij geen belang aan de uitkomst. Als Branson een *nee* krijgt, vraagt hij het simpelweg nogmaals. Als hij nog een *nee* krijgt, vraagt hij het nogmaals. En nogmaals. Hij stelt zichzelf ook vragen als: "Wat kan ik anders doen?" of "Wat hebben ze van mij nodig, zodat ik een *ja* krijg?" Dit is het soort aanpak waar jij ook mee moet spelen.

Wat doet Branson goed? Hij leeft vanuit de vraag. Hij hecht geen belang aan de uitkomst. Hij is bereid om beroemd te zijn, hij is bereid om rijk te zijn, hij is bereid om arm te zijn, hij is bereid om te worden veroordeeld, hij is bereid om te falen — en hij is bereid om daarbij een heleboel plezier te hebben. Hij leeft in het plezier met business.

Hoe ziet plezier met business er voor jou uit?

Doe jij zaken als een man of als een vrouw?

Er zijn twee uitgesproken stijlen in zakendoen: een mannen-manier en een vrouwenmanier. Het maakt niet uit in welk lichaam je zit. Vaak doet een man zaken als een vrouw —of een vrouw doet zaken als een man. De mannenmanier is direct. Hij komt graag snel ter zake en geeft of ontvangt informatie. Hij zegt: "Bla bla bla", en dan is het geregeld. Bij de vrouwenmanier wordt er langer over dingen gesproken. Ze wil graag bespreken hoe dingen zouden kunnen werken en wat haar gevoelens over het project zijn. Ze zal vragen: "Wat vind jij hiervan?" en ze houdt ervan als deze vraag aan haar wordt gesteld.

Op een dag schreef ik een zakelijke e-mail. Gary keek toevallig over mijn schouder mee en vroeg me: "Aan wie stuur je die email? Een man of een vrouw?"

Ik antwoorde: "Aan een vrouw."

Hij zei: "Je behandelt haar als een man. Je geeft haar alleen maar de informatie die ze nodig heeft. Dat is hoe mannen functioneren. Zij willen gewoon weten: "Kunnen we dit doen of niet?" Met een vrouw moet je anders communiceren. Zij wil de dingen uitgebreider bespreken."

Ik ben geneigd om zaken te doen als een man, en af en toe heb ik ineens een conflict of beledig ik iemand. Ik sta dan perplex en vraag: "Wat gebeurde daar nou?" En dan realiseer ik me dat ik iemand behandelde als een man, terwijl hij of zij zaken wilde doen als een vrouw. Dus dan ga ik naar ze toe en vraag hoe het met ze gaat, hoe hun weekend was en hoe ze zich voelen over het project waar we aan werken. En de dingen veranderen dan onmiddellijk. Hoe doe jij graag zaken? Geef je de voorkeur aan de mannenmanier of de vrouwenmanier? Kijk eens naar de mensen waarmee je werkt. Doen zij zaken als een man of als een vrouw? Dit is geen oordeel. Het is niet verkeerd of goed. Het is gewoon iets om je bewust van te zijn, zodat je met meer gemak en plezier kunt creëren en genereren in jouw bedrijf.

Ben je een vrouw in zaken? Je hoeft geen kreng te zijn!

Ben je een vrouw in zaken? Heb je steeds gedacht dat je dan zaken moet doen als een grote, slechte en bikkelharde zaken-vrouw? Soms denken vrouwen dat ze demonische krengen uit de hel moeten worden om succesvol te kunnen zijn in zaken. Niets is minder waar! Vrouwen kunnen in zaken fantastische manipulators zijn; ze kunnen de dingen laten verlopen zoals zij dat graag willen en daarbij alle anderen meenemen in hun ideeën en plannen. Heel vaak realiseren vrouwen zich dit niet en denken ze dat ze moeten veranderen in akelige, gemene ty-pes om de dingen naar hun hand te zetten. Als ik vrouwen zie doen alsof ze keihard en stoer zijn, zou ik ze willen vragen: "Weet je hoe gemakkelijk alles voor jou zou kunnen zijn, als je een beetje zou manipuleren?" Sommigen zien manipulatie als doortrapt of zelfs als oplichterij, en dat kan een onderdeel zijn van de definitie ervan. Het betekent ook een situatie vinding-rijk, met gemak of bedreven af te handelen, en dat is waar ik het over heb.

Onlangs vroeg ik aan een man of hij iets voor me wilde doen. Ik hield mijn hoofd een beetje schuin, keek naar hem vanuit mijn ooghoeken en knipperde met mijn oogleden en hij zei: "Natuurlijk! Voor jou doe ik alles, zeker als je me zo aankijkt." Weet je wat, dames? Dat kun je ook in zaken doen. Zelfs als mannen weten dat je ze manipuleert, werkt het nog steeds. Je kunt wegkomen met van alles. En het is leuk! (Mannen, ook jullie kunnen dit doen.)

Laatst vertelde een vrouw me dat ze een bespreking had met twee mannen. De bespreking verliep niet goed voor haar, en plotseling realiseerde ze zich dat ze weigerde de rol te spelen die ze moest spelen als vrouw om te krijgen wat ze wilde. De mannen waren intellectuele types: de ene was een wetenschapper en de andere was een producent. Ze realiseerde zich: "Ik hoef alleen maar een beetje de aandacht te vestigen op mijn decolleté en de vrouwelijke vrouw te zijn die ik werkelijk ben—en ik krijg wat ik verlang." Een beetje decolleté en energie trekken, absoluut! Dat was de eerste keer dat ze zag hoe makkelijk het kon zijn om te krijgen wat ze wenste.

Ben jij een man in zaken? Je hoeft geen opperbevelhebber te zijn!

Veel mannen in zaken hebben geleerd dat ze de opperbevelhebber moeten zijn. Het is mannen door de samenleving opgelegd om de Antwoord Man te zijn. Ze denken dat het nodig is te allen tijde de autoriteit te zijn. De afgelopen 2000 jaar hebben mannen geleerd om orders te geven en orders op te volgen. De man die de orders heeft opgevolgd, zal zodra hij enige autoriteit krijgt, proberen om anderen ook orders op te laten volgen, want dat is wat hij deed. Deze mannen neigen ertoe willekeurige beslissingen te nemen en verwachten dat men doet wat ze gezegd wordt. De moeilijkheid met deze benadering is dat tegenwoordig maar weinig mensen bereid zijn om een ander blind te volgen. En je wilt sowieso geen mensen die je blind volgen. Je vraagt anderen om een bijdrage. Ware ondernemers, mensen die werkelijk dingen gedaan kunnen krijgen, hebben meer vragen in hun universum. Hun benadering is: "Wat weet deze persoon en wat kan hij bijdragen?"

Overal waar je niet bereid bent geweest het gemak en het plezier te hebben van hoe het is om een vrouw of man in zaken te zijn, vernietig en ontcreëer je dat nu, maal een godzilljoen? Right and wrong, good and bad, POD and POC, all nine, shorts, boys and beyonds.

We zijn sowieso niet echt mannen of vrouwen, we zijn oneindige wezens!

Het begrijpen van de manier waarop een man of vrouw zaken doet, is een geweldige techniek. Het is leuk. En het stelt je in staat om te zien wat er nodig is als je zaken doet met anderen. Maar laat dit standpunt geen beperking worden, want echt, je bent geen man of vrouw in zaken: je bent een oneindig wezen.

Als je jezelf beperkt tot zakendoen als een man of vrouw, doe je geen zaken vanuit de uitgestrektheid van wat er mogelijk is, omdat je een definitie hebt neergezet van wat jij bent of wat de ander is. Als je zaken doet als een man of vrouw gaat het niet werkelijk om de business. Het gaat dan om jou. Gebruik deze informatie dus alsjeblieft om te helpen bij het krijgen wat je nodig hebt, en maak het niet belangrijk.

Elke keuze die je maakt in business zou moeten gaan over het Koninkrijk van Wij. Als dat niet zo is, stop je de mate van groei en verandering die mogelijk is en beperk je wat je van anderen kunt ontvangen.

> *De echte kracht van het Koninkrijk van Wij*
> *is het vermogen om te kiezen wat werkt*
> *voor jou en voor alle anderen.*

Jij zijn en de wereld veranderen

Veel mensen zien zakendoen als een serieus onderwerp. Vaak als ik een zaal inloop om een Plezier met Business cursus te geven, gedraagt iedereen zich formeel en kijkt serieus. Het is alsof ze zeggen: "We gaan het nu hebben over business. Dat is serieus. Wat gaan we doen? Een bedrijfsplan? Financiën? Wat gaat er gebeuren?" Hun houding als het gaat om business maakt dat het onderwerp zwaar lijkt. Ze creëren een samengetrokken, vaststaande ruimte om zaken in te doen, in plaats van een lichte, vreugdevolle ruimte. Ze genereren kommer en kwel omtrent zaken, zodat het 'werkelijker' voelt. Misschien geloven ze dat als iets licht is en geen soliditeit heeft, het geen waarde heeft. Het kan toch zeker niet leuk zijn? (Dat kan!)

Overal waar je niet bereid bent geweest om je bedrijf licht en plezierig en vreugdevol te laten zijn, waarheid, vernietig en ontcreëer je dat nu, maal een godziljoen? Right and wrong, good and bad, POD and POC, all nine, shorts, boys and beyonds.

Jij zijn

Eén van de beste manieren om jouw business vreugdevol en plezierig te maken, je te onderscheiden van de massa en enorm succesvol te zijn, is jij te zijn. Jij zijn betekent jouw realiteit hebben, ongeacht hoe dat eruitziet. Het betekent dat je van niemand een standpunt aanneemt. Als mensen een bedrijf creëren en genereren, beginnen ze vaak met uitzoeken wat anderen hebben gedaan in soortgelijke bedrijven. In plaats van mee te gaan met wat ze zelf weten, kijken ze naar wat er eerder is gedaan, wat succesvol is geweest en wat niet is gelukt.

Onze benadering van business bij Good Vibes for You gaat niet mee in het idee dat we moeten doen wat alle anderen doen, en de manier waarop we ons flessenwater hebben gecreëerd is een voorbeeld van wat er kan gebeuren als je een business genereert en creëert op basis van wat je zelf weet. We hebben onlangs een offerte gestuurd naar de regering van Queensland. Ze waren eco-dorpen aan het bouwen en ze hadden een waterleverancier nodig. Ze gingen eerst naar een grote waterleverancier, maar dat bedrijf wilde geen overeenkomst ondertekenen die verklaarde dat ze bereid waren om milieuvriendelijk te zijn, dus nodigde de regering van Queensland andere bedrijven uit om een offerte te sturen. We dienden een voorstel in dat deze vraag bevatte: "Wat verlangt de planeet van jou?"

Toen we in bespreking gingen met een afgevaardigde van de eco-dorpen, keek hij naar onze offerte en vroeg toen: "Wilt u mij een moment excuseren? Ik wil dit voorstel aan de rest van het bestuur laten zien."

Een tijdje daarna keerde de afgevaardigde terug en zei: "Ik heb zojuist met het bestuur gesproken. We zijn nog nooit een bedrijf tegengekomen dat een vraag stelde als: "Wat verlangt de planeet van jou?" We willen met jullie bedrijf samenwerken. Kunnen jullie deze overeenkomst ondertekenen? We zullen jullie binnen 14 dagen betalen."

Toen we die vraag toevoegden aan onze offerte, waren we bereid als gek en anders te worden gezien en zelfs om de opdracht niet te krijgen. We kozen ervoor om onszelf te zijn, ongeacht de uitkomst, en in feite hebben we daardoor het contract gekregen. We proberen niet om hetzelfde te doen dat alle anderen doen. We zijn wie we zijn, en het werkt voor ons.

> *Wees jij en verander de wereld.*
> *Wees jij en breid je bedrijf uit.*
> *Wees jij en laat het geld verschijnen.*
> *Onthoud: Geld volgt vreugde,*
> *vreugde volgt het geld niet.*

Wat als je jouw geheugen zou verliezen?

Creëer en genereer jouw bedrijf zoals jij zou willen dat het is. Refereer niet aan iets dat iemand anders heeft gedaan – of zelfs aan wat jij hebt gedaan in het verleden. Het maakt niet uit wat je familie heeft gedaan. Het maakt niet uit wat anderen in jouw industrie hebben gedaan. Alleen jij kunt doen wat je doet. Je kunt dan wel hetzelfde product verkopen als iemand anders, maar als je jij bent, creëer je een energie rondom je product dat een groot verschil maakt. Jij bent geweldig; je bent uniek in de wereld. Je hebt een geschenk te geven aan de wereld. Het is: "Jij zijn en de wereld veranderen." Het is niet: "Wees zoals iemand anders en verander de wereld!" Doe geen zaken op de manier waarop alle anderen hun zaken doen.

> ## *Wat als je zaken zou doen zoals niemand anders het doet?*

Laat je nooit door iemand tegenhouden

Eerder noemde ik de Britse ondernemer, Richard Branson, die eigenaar is van Virgin Atlantic Airways en een groot aantal andere bedrijven. Eén van zijn meest recente bedrijven is Virgin Galactic, bedoeld om betalende klanten mee de ruimte in te nemen. Branson was dyslectisch toen hij op school zat. Op de middelbare school waren zijn cijfers niet om over naar huis te schrijven en hij ging niet naar de universiteit. Als kind zei hij altijd: "Ik ga mensen meenemen naar de maan." Je kunt je voorstellen wat iedereen daarvan dacht. En nu heeft hij ruimteschepen! Zijn filosofie is: "Laat je nooit door iemand tegenhouden." Hoe zou het zijn geweest als Richard Branson een 'echte' baan zou hebben genomen, omdat zijn vrienden en familie dat tegen hem zeiden? Branson heeft een flinke impact op onze wereld gehad, en als hij had geprobeerd om zaken te doen net als alle anderen, had de wereld er vandaag de dag behoorlijk anders uit gezien.

Dit is waar voor ons allemaal. Als Gary Douglas niet bereid was geweest zo vreemd en wonderlijk te zijn als hij is, ongeacht de prijs, dan had de wereld er vandaag de dag heel anders uitgezien. Als ik niet bereid was geweest om naar San Francisco te gaan om te ontdekken waar Access Consciousness over ging, had de wereld er anders uitgezien. Als mijn vriend

Dr. Dain Heer niet bereid was geweest om de enorme investering in zijn carrière als chiropractor op te geven en zich te bewegen in de richting van iets dat energetisch veel meer was zoals hijzelf en wat een waar geschenk is aan iedereen, zou de wereld er vandaag heel anders uitzien.

Wat is het dat jij hebt geweigerd te zijn, dat de verandering in de wereld zou creëren waarvan jij weet dat die mogelijk is? Stel je de impact eens voor die jij zou kunnen hebben op de wereld als je bereid was jij te zijn, de energie te volgen en de deuren te openen naar wat er mogelijk is?

Overal waar je niet bereid bent geweest het verschil dat jij bent te erkennen, en te erkennen hoeveel jij kunt genereren en wat je allemaal kunt doen, zijn, hebben, creëren en genereren, vernietig en ontcreëer je dat, maal een godziljoen? Right and wrong, good and bad, POD and POC, all nine, shorts, boys and beyonds.

Alles is mogelijk. Het enige wat jou tegenhoudt ben JIJ!

Epiloog

Iemand vroeg Gary Douglas eens naar zijn definitie van business. Hij antwoordde: "Business is de vreugde van het creëren van dat wat jouw leven uitbreidt door wat jou geld oplevert." Hoe wordt het beter dan dat? De vreugde van het creëren van dat wat jouw leven uitbreidt en jou geld oplevert!

Wat is de vreugde voor jou die jouw leven uitbreidt en die jou geld zou kunnen opleveren? Creëer en genereer je dat ook daadwerkelijk, ongeacht hoe 'krankzinnig' het is? Als je denkt een idee te hebben, en niemand anders doet iets dergelijks, raad dan eens? Het is hoogstwaarschijnlijk een fantastisch idee!

Woorden kunnen de ongelooflijke bewondering, het respect en de dankbaarheid niet beschrijven die ik heb voor Gary Douglas en Dr. Dain Heer. Ik ben zo dankbaar voor de doelstellingen die zij hebben om meer gewaarzijn en bewustzijn op de planeet te creëren en te genereren, ongeacht wat ervoor nodig is, ongeacht hoe het eruitziet.

Ik doe mee. Jij ook?

Begrippenlijst

ZIJN

In Access Consciousness wordt het woord zijn vaak gebruikt om te refereren aan jij, het oneindige wezen dat je werkelijk bent, in tegenstelling tot het gekunstelde standpunt over wie je denkt te zijn.

CLEARING STATEMENT

De clearing statement die we gebruiken in Access Consciousness is: *Right and wrong, good and bad, POD and POC, all nine, shorts, boys and beyonds.* ((*Juist en verkeerd, goed en slecht, POD en POC, alle 9, shorts, boys en beyonds*)

Right and wrong, good and bad is een afkorting voor: Wat is hier juist, goed, perfect en correct aan? Wat is er verkeerd, gemeen, kwaadaardig, vreselijk, slecht en verschrikkelijk aan? Wat heb jij besloten dat juist, verkeerd, goed en slecht is?

POD (Point of Destruction) is het punt van vernietiging direct voorafgaand aan wat je hebt besloten.

POC (Point of Creation) is het punt van creatie van de gedachten, gevoelens en emoties onmiddellijk voorafgaand aan dat wat je hebt besloten, wat dat dan ook is.

In plaats van te zeggen: "Gebruik de clearing statement," zeggen we soms alleen maar "POD en POC dat."

All nine (alle negen) staat voor negen lagen troep die we weghalen. Je weet dat er ergens in die negen lagen iets goeds verborgen moet zitten, want er kan toch nooit zomaar zoveel zooi op een plek komen zonder dat er een pareltje in verstopt zit. Wel dus! Het is rommel die jij zelf hebt gegenereerd.

Shorts is verkorte versie voor: Wat is hier zinvol aan? Wat is hier zinloos aan? Wat is de straf hiervoor? Wat is de beloning hiervoor?

Boys staat voor genucleëerde bellen. Heb je ooit een bellenblaaspijp gezien waar kinderen mee spelen? Blaas erop en je krijgt een overvloed aan zeepbellen? Als je één bel doorprikt, vult een andere bel het op en je prikt er nog één door, en een andere vult het weer op? Ze zijn net zo. Je lijkt ze nooit allemaal door te kunnen prikken.

Beyonds zijn gevoelens of sensaties die je hart stoppen, je je adem laten inhouden, of je bereidheid om naar mogelijkheden te kijken, tegenhouden. Het is net als wanneer je een volgende laatste aanmaning krijgt, op het moment dat jouw bedrijf in het rood staat, en je reageert met *aaargh*! Je verwachtte dat niet, niet nu. Dat is een beyond.

(Het grootste deel van de informatie over de clearing statement komt uit het boek *Right Riches for You*, één van de vele fantastische boeken van Gary M. Douglas en Dr. Dain Heer.)

Joy of Business™ Cursussen

Voor wie zijn Joy of Business cursussen?

Voor iedereen die bloed door de aderen heeft stromen! Het gaat over het avontuur van leven!

Wie anders zou Joy Of Business cursussen willen doen? Bedrijfseigenaren, CEO's, werknemers, werkgevers, mannen, vrouwen, iedereen die het verlangen heeft om meer te creëren in hun leven en bedrijf. Iedereen die een idee heeft en zich afvraagt hoe je dat idee kunt omtoveren tot iets dat een toevoeging is aan je leven en dat je geld gaat opleveren.

Wat als business nou eens plezier zou betekenen? De instrumenten en concepten van Joy of Business® en Access Consciousness® nodigen je uit om te kijken naar business (en geld) vanuit een totaal andere plek en ruimte. Jouw business of je baan zouden iets moeten zijn dat je elke dag met plezier creëert. Als dat het niet is, waarom doe je het dan?

In elk van de cursussen geeft Joy of Business je gereedschappen die kunnen worden gebruikt om meer te creëren in ieder aspect van je business, en op elk niveau. Niet alleen maar voor grote bedrijven of bedrijfseigenaren. Je zult deze cursus verlaten met een groter gevoel van plezier met business, waarmee je vrijwel alles kunt veranderen.

Plezier met Business cursussen (Joy of Business Classes)

Access Business en geld, 1 daagse class

Denk jij dat je een geldprobleem hebt? Of heb je geen idee hoe in business te zijn? Wat als er geen problemen zijn?

In deze ééndaagse class begin je te ontdekken wat er werkelijk mogelijk is in business en met financiën. Niet alleen voor grote bedrijven, bedrijfseigenaren of ondernemers, ontdek wat jij kunt creëren in en als jouw leven.

Leer om vragen te stellen die beperkingen zullen veranderen, en begin iets te creëren in business en met financiën dat grootser is dan wat je ooit in gedachten had.

"Het is jouw leven, het is geen test – Jij kunt het kiezen, jij kunt het creëren, en het mag ook leuk zijn voor je en je mag vragen om meer." - Simone Milasas, Oprichter & Schrijver van JOY OF BUSINESS

Business Done Different (Business anders gedaan), 3-daagse Masterclass

Albert Einstein zei: "Hetzelfde doen en een ander resultaat verwachten, dat is de definitie van krankzinnigheid."

Deze 3 daagse BUSINESS DONE DIFFERENT Master Class zal je nieuwe tools en processen geven om ieder vlak met business en geld te veranderen. Deze class is een uitnodiging om meer te creëren en meer te zijn.

De definitie van anders is: niet hetzelfde als een ander of iets anders.

Wat als je meer over business wist dan dat je hebt willen erkennen?

Wat als je nooit zou opgeven en nooit zou toegeven en je altijd zou creëren?

Hoe je denkt over jouw business (en jouw leven) zal het óf creëren óf verminderen.

"Je hebt een ongelimiteerde (en meestal niet gebruikte) capaciteit om een financiële realiteit te creëren die voor jou zou werken." - Simone Milasas, Founder & Author of JOY OF BUSINESS Dezelfde tools die van kracht zijn om een leider in jouw leven te zijn, gelden voor het creëren van een successvolle business.

Gaat business voor jou alleen over geld? Wat als er een andere mogelijkheid was? Als je het allemaal alleen maar over het geld laat gaan, dan beperk je de mogelijkheden en de creativiteit die kunnen verschijnen. Wat als jouw financiële realiteit iets zou zijn dat je met gemak kunt vergroten? Hoeveel inkomstenstromen zou je willen toevoegen aan jouw leven? Hoeveel geld zou je echt willen creëren?

Deze cursus is voor bedrijfseigenaren, CEO's, werknemers, werkgevers, mannen, vrouwen en iedereen die het verlangen heeft om meer in hun leven en hun business te creëren.

"Business is creatie en creatie is business." Simone Milasas, oprichter, Creator van Joy of Business.

"Simone's bereidheid om te functioneren vanuit zoveel gewaarzijn stelt haar in staat die ruimtes te zien waar je jouw business mogelijk samentrekt, waar je zelf nooit aan zou hebben gedacht. Door het stellen van vragen vindt en ontsluit Simone de energie, daar waar je vastzit in je business, wat het mogelijk maakt om dingen bijna onmiddellijk te laten veranderen en transformeren. Ik zou haar cursus voor geen goud willen missen." Sunshine Coast, Australia.

Joy of Business - Speciale cursussen:

+ Creëer jouw eigen financiële realiteit / *Creating Your Own Financial Reality*
+ Jezelf niet langer in de weg zitten bij business en geld / *Getting Out of Your Own Way With Business & Money*
+ Het leiden van een generatief, succesvol en vreugdevol team / *Leading a Generative, Successful & Joyful Team*
+ De 3 verschillende personen die jouw succesvolle bedrijf nodig heeft / *The 3 People Your Successful Business Requires*
+ 7 manieren om geld te genereren / *7 Ways To Make Money* en er wordt alsmaar meer gecreëerd!

Alle Joy of Business® cursussen worden gefaciliteerd door Simone Milasas & gecertificeerde Joy of Business facilitatoren.

Ga naar http://www.accessjoyofbusiness.com/classes om een cursus te vinden bij jou in de buurt.